Aromas do Oriente
Uma Viagem Culinária pelos Sabores Asiáticos

Sofia Chang

Índice

Frango com broto de bambu *10*
Presunto cozido no vapor *11*
Bacon com repolho *12*
Frango Amêndoa *13*
Frango com amêndoas e castanhas de água *15*
Frango com amêndoas e legumes *16*
Frango com anis *17*
Frango com Damascos *19*
Frango com aspargos *20*
Frango com Berinjela *21*
Frango enrolado em bacon *22*
Frango com broto de feijão *23*
Frango com molho de feijão preto *24*
Frango com brócolis *25*
Frango com repolho e nozes *26*
Frango com castanha de caju *27*
Frango com Castanhas *29*
Frango com pimenta picante *30*
Frango frito com pimenta *31*
Costeleta de Frango Suey *33*
Chow Mein de Frango *34*
Frango temperado frito crocante *36*
Frango frito com pepino *37*
Curry de frango com pimenta *38*
Caril de frango chinês *40*
Frango com curry rápido *41*
Frango ao curry com batatas *42*
Pernas de frango frito *43*
Frango frito com molho de curry *44*
Frango bêbado *45*
Frango salgado com ovos *46*
Rolinhos de ovo de galinha *48*

Frango Estufado com Ovos *50*
Frango do Extremo Oriente *52*
Frango Foo Yung *53*
Presunto e Frango Foo Yung *54*
Frango frito com gengibre *55*
Frango com gengibre *56*
Frango ao gengibre com cogumelos e castanhas *57*
A galinha dourada *58*
Ensopado de frango dourado marinado *59*
Moedas de ouro *60*
Frango cozido no vapor com presunto *62*
Frango com molho Hoisin *62*
Frango com mel *64*
Frango Kung Pao *64*
Frango com alho-poró *65*
Frango com limão *66*
Mexido De Frango Com Limão *68*
Fígado de frango com broto de bambu *70*
Fígados de frango frito *70*
Fígados de frango com mangetout *71*
Fígado de frango com panqueca de macarrão *72*
Fígado de frango com molho de ostra *73*
Fígado de frango com abacaxi *74*
Fígado de frango agridoce *75*
Frango com Lichia *76*
Frango com molho de lichia *77*
Frango com Mangetout *78*
Frango com Manga *79*
Melão recheado com frango *81*
Frite o frango e os cogumelos *81*
Frango com cogumelos e nozes *82*
Frango frito com cogumelos *84*
Frango cozido no vapor com cogumelos *86*
Frango com cebola *86*
Frango com laranja e limão *87*
Frango com molho de ostra *88*

Pacotes de frango 89
Frango com nozes 90
Frango com manteiga de amendoim 91
Frango com Ervilhas 92
Frango à Pequim 93
Frango com páprica 94
Frango frito com páprica 96
Frango e abacaxi 98
Frango com abacaxi e lichia 99
Frango com carne de porco 100
Frango Estufado com Batata 101
Frango cinco especiarias com batatas 102
Frango cozido vermelho 103
Rissóis de Frango 104
Frango salgado 105
Frango em óleo de gergelim 106
Frango com xerez 107
Frango com molho de soja 108
Frango frito picante 109
Frango com espinafre 110
Rolinhos primavera de frango 111
Carne de porco assada picante 113
Pãezinhos de porco cozido no vapor 114
Carne De Porco Com Repolho 116
Carne De Porco Com Repolho E Tomate 118
Carne de porco marinada com repolho 119
Carne De Porco Com Aipo 121
Carne de porco com castanhas e cogumelos 122
Costeleta de Porco Suey 123
Yakisoba de porco 124
Chow Mein De Porco Assado 126
Carne de porco com chutney 127
Carne De Porco Com Pepino 128
Pacotes de carne de porco crocante 129
Rolinhos de porco com ovo 130
Rolinhos de ovo de porco e camarão 131

Ovo de porco estufado 132
Carne de porco quente 133
Filé de porco frito 134
Carne de porco com cinco especiarias 135
Carne de porco perfumada estufada 136
Carne de porco com alho picado 137
Porco assado com gengibre 138
Carne De Porco Com Feijão Verde 139
Presunto de porco e tofu 140
Espetada de porco frito 142
Carne de porco estufada ao molho vermelho 143
Carne de porco marinada 145
Costeletas de porco marinadas 146
Carne De Porco Com Cogumelos 147
Bolo De Carne No Vapor 148
Carne de porco cozida vermelha com cogumelos 149
Carne De Porco Com Panqueca De Macarrão 150
Carne de porco e camarão com panqueca de macarrão 151
Carne de porco com molho de ostra 152
Carne de porco com nozes 153
Carne De Porco Com Páprica 155
Picles de porco picante 156
Carne de porco com molho de ameixa 157
Carne de porco com camarão 158
Carne de porco cozida vermelha 159
Carne de porco ao molho vermelho 160
Carne de porco com macarrão de arroz 162
Bolinhos de porco ricos 164
Costeletas de porco assadas 165
Carne de porco temperada 166
Fatias de porco escorregadias 167
Carne de porco com espinafre e cenoura 168
Carne de porco cozida no vapor 169
Porco frito 170
Carne de porco com batata doce 171
Carne de porco agridoce 172

Carne de porco salgada 173
Carne de porco com tofu 174
Carne de porco frita tenra 175
Carne de porco duas vezes cozida 176
Carne de porco com legumes 177
Carne De Porco Com Nozes 178
Wontons de porco 179
Carne de porco com castanhas d'água 180
Wontons de porco e camarão 181
Pãezinhos de carne picada no vapor 182
Entrecosto com molho de feijão preto 183
Costelas grelhadas 184
Costelas de bordo grelhadas 185
Costelas fritas 186
Entrecosto com alho-poró 187
Entrecosto com cogumelos 188
Entrecosto com laranja 189
Costelinha de abacaxi 190
Costelinha de camarão crocante 191
Entrecosto com vinho de arroz 192
Entrecosto com sementes de gergelim 193
Costeletas com molho agridoce 194
Costelas fritas 196
Entrecosto com tomate 197
Carne de porco grelhada 198
Carne de porco fria com mostarda 199
Porco assado chinês 200
Carne De Porco Com Espinafre 201
Bolinhos de porco fritos 202
Rolinhos de ovo de porco e camarão 203
Carne de porco picada no vapor 204
Carne de porco frita com carne de caranguejo 205
Carne de porco com broto de feijão 206
Carne de porco bêbada 207
Perna de porco cozida no vapor 208
Porco assado frito com legumes 210

Carne de porco duas vezes cozida *211*
Rins de porco com mangetout *212*
Presunto cozido tinto com castanhas *213*
Presunto frito e bolinhos de ovo *214*
Presunto e abacaxi *215*
Mistura de presunto e espinafre *216*

Frango com broto de bambu

Ofertas 4

45 ml/3 colheres de sopa de óleo de amendoim
1 dente de alho esmagado
1 cebolinha (cebola) picada
1 fatia de raiz de gengibre picada
225g de peito de frango cortado em tiras
225g/8oz de brotos de bambu, cortados em tiras
45 ml/3 colheres de sopa de molho de soja
15 ml/1 colher de sopa de vinho de arroz ou xerez seco
5 ml/1 colher de chá de farinha de milho (amido de milho)

Aqueça o azeite e frite o alho, a cebolinha e o gengibre até dourar levemente. Adicione o frango e frite por 5 minutos. Adicione os brotos de bambu e frite por 2 minutos. Misture o molho de soja, o vinho ou xerez e o fubá e frite por cerca de 3 minutos até que o frango esteja cozido.

Presunto cozido no vapor

Serve 6-8

900g/2lb de presunto fresco
30 ml/2 colheres de sopa de açúcar mascavo
60 ml/4 colheres de sopa de vinho de arroz ou xerez seco

Coloque o presunto em um prato resistente ao calor sobre uma gradinha, tampe e cozinhe em água fervente por cerca de 1 hora. Adicione açúcar e vinho ou xerez à panela, tampe e cozinhe no vapor por mais 1 hora ou até que o presunto esteja cozido. Deixe esfriar em uma tigela antes de fatiar.

Bacon com repolho

Ofertas 4

4 fatias de bacon entremeado, descascadas e picadas

2,5 ml/½ colher de chá de sal

1 fatia de raiz de gengibre, moída

½ repolho picado

75 ml/5 colheres de sopa de caldo de galinha

15 ml/1 colher de sopa de molho de ostra

Frite o bacon até ficar crocante e retire da frigideira. Adicione sal e gengibre e frite por 2 minutos. Adicione o repolho e mexa bem, depois junte o bacon e acrescente o caldo, tampe e cozinhe por cerca de 5 minutos, até que o repolho esteja macio, mas ainda levemente crocante. Junte o molho de ostra, tampe e cozinhe por 1 minuto antes de servir.

Frango Amêndoa

Serve 4-6 porções

375 ml/13 fl oz/1½ xícara de caldo de galinha

60 ml/4 colheres de sopa de vinho de arroz ou xerez seco

45 ml/3 colheres de sopa de farinha de milho (amido de milho)

15 ml/1 colher de sopa de molho de soja

4 peitos de frango

1 clara de ovo

2,5 ml/½ colher de chá de sal

óleo para fritar

75 g / 3 onças / ½ xícara de amêndoas escaldadas

1 cenoura grande, cortada em cubos

5 ml/1 colher de chá de raiz de gengibre ralada

6 cebolinhas (cebolinha), fatiadas

3 talos de aipo, fatiados

100g/4 onças de cogumelos, fatiados

100g/4oz de brotos de bambu, fatiados

Misture o caldo, metade do vinho ou xerez, 30 ml/2 colheres de sopa de fubá e molho de soja em uma panela. Deixe ferver, mexendo, e cozinhe por 5 minutos até a mistura engrossar. Retire do fogo e mantenha aquecido.

Retire a pele e os ossos do frango e corte-o em pedaços de 2,5 cm. Misture o resto do vinho ou xerez com o fubá, a clara de ovo e o sal, acrescente os pedaços de frango e misture bem. Aqueça o óleo e frite os pedaços de frango, aos poucos, por cerca de 5 minutos, até dourar. Seque bem. Retire da frigideira tudo menos 30 ml/2 colheres de sopa de óleo e frite as amêndoas por 2 minutos até dourar. Seque bem. Adicione a cenoura e o gengibre à frigideira e frite por 1 minuto. Adicione o restante dos legumes e frite por cerca de 3 minutos, até que os legumes estejam cozidos, mas ainda crocantes. Retorne o frango e as amêndoas à panela com o molho e leve ao fogo baixo por alguns minutos até aquecer bem.

Frango com amêndoas e castanhas de água

Ofertas 4

6 cogumelos chineses secos
4 pedaços de frango desossados
100 g/4 onças de amêndoas moídas
sal e pimenta moída na hora
60 ml/4 colheres de sopa de óleo de amendoim
100 g / 4 onças de castanhas-d'água, fatiadas
75 ml/5 colheres de sopa de caldo de galinha
30 ml/2 colheres de sopa de molho de soja

Mergulhe os cogumelos em água morna por 30 minutos e escorra. Descarte os caules e corte as tampas. Corte o frango em fatias finas. Tempere as amêndoas generosamente com sal e pimenta e polvilhe as fatias de frango com as amêndoas. Aqueça o óleo e frite o frango até dourar levemente. Adicione os cogumelos, as castanhas-d'água, o caldo e o molho de soja, deixe ferver, tampe e cozinhe por alguns minutos até que o frango esteja cozido.

Frango com amêndoas e legumes

Ofertas 4

75 ml/5 colheres de sopa de óleo de amendoim
4 fatias de raiz de gengibre, moída
5 ml/1 colher de chá de sal
100g/4 onças de repolho chinês, ralado
50g/2oz de brotos de bambu em cubos
50g/2oz de cogumelos em cubos
2 talos de aipo cortados em cubos
3 castanhas d'água cortadas em cubos
120 ml/4 fl oz/½ xícara de caldo de galinha
225g/8oz de peito de frango em cubos
15 ml/1 colher de sopa de vinho de arroz ou xerez seco
50 g/2 onças de mangetout (ervilhas)
100 g/4 onças de amêndoas em flocos, torradas
10 ml/2 colheres de chá de farinha de milho (amido de milho)
15 ml/1 colher de sopa de água

Aqueça metade do azeite e frite o gengibre e o sal por 30 segundos. Adicione o repolho, o broto de bambu, os cogumelos, o aipo e as castanhas-d'água e frite por 2 minutos. Adicione o caldo, deixe ferver, tampe e cozinhe por 2 minutos. Retire os legumes e o molho da panela. Aqueça o óleo restante e frite o frango por 1 minuto. Adicione vinho ou xerez e cozinhe por 1 minuto. Retorne os legumes para a panela com a mangetout e as amêndoas e cozinhe por 30 segundos. Misture o fubá e a água até formar uma pasta, misture ao molho e cozinhe, mexendo, até o molho engrossar.

Frango com anis

Ofertas 4

75 ml/5 colheres de sopa de óleo de amendoim
2 cebolas picadas
1 dente de alho picado
2 fatias de raiz de gengibre picada
15 ml/1 colher de sopa de farinha normal (geral)
30 ml/2 colheres de sopa de curry em pó
450g/1lb de frango em cubos
15 ml/1 colher de sopa de açúcar
30 ml/2 colheres de sopa de molho de soja
450 ml/¾ pt/2 xícaras de caldo de galinha
2 dentes de anis estrelado

225g/8oz de batatas em cubos

Aqueça metade do azeite e doure levemente a cebola, depois retire-a da frigideira. Aqueça o azeite restante e frite o alho e o gengibre por 30 segundos. Misture a farinha e o curry em pó e cozinhe por 2 minutos. Retorne a cebola para a panela, acrescente o frango e frite por 3 minutos. Adicione o açúcar, o molho de soja, o caldo e as sementes de anis, deixe ferver, tampe e cozinhe por 15 minutos. Adicione as batatas, volte a ferver, tampe e cozinhe por mais 20 minutos até ficar macio.

Frango com Damascos

Ofertas 4

4 pedaços de frango
sal e pimenta moída na hora
uma pitada de gengibre em pó
60 ml/4 colheres de sopa de óleo de amendoim
225g/8oz de damascos enlatados, divididos pela metade
300 ml/½ pt/1¼ xícara de molho agridoce
30 ml/2 colheres de sopa de amêndoas em flocos, torradas

Tempere o frango com sal, pimenta e gengibre. Aqueça o óleo e frite o frango até dourar levemente. Cubra e cozinhe por cerca de 20 minutos até ficar macio, virando ocasionalmente. Escorra o óleo. Adicione os damascos e o molho à panela, deixe ferver, tampe e cozinhe lentamente por cerca de 5 minutos ou até que estejam bem aquecidos. Decore com flocos de amêndoa.

Frango com aspargos

Ofertas 4

45 ml/3 colheres de sopa de óleo de amendoim
5 ml/1 colher de chá de sal
1 dente de alho esmagado
1 cebolinha (cebola) picada
1 peito de frango fatiado
30 ml/2 colheres de sopa de molho de feijão preto
350g de aspargos cortados em pedaços de 2,5 cm
120 ml/4 fl oz/½ xícara de caldo de galinha
5 ml/1 colher de chá de açúcar
15 ml/1 colher de sopa de farinha de milho (amido de milho)
45 ml/3 colheres de sopa de água

Aqueça metade do azeite e frite o sal, o alho e a cebolinha até dourar levemente. Adicione o frango e doure levemente. Adicione o molho de feijão preto e misture bem o frango. Adicione os aspargos, o caldo e o açúcar, deixe ferver, tampe e cozinhe por 5 minutos até que o frango esteja cozido. Misture o fubá e a água até formar uma pasta, misture na panela e cozinhe, mexendo, até o molho clarear e engrossar.

Frango com Berinjela

Ofertas 4

225 g/8 onças de frango fatiado
15 ml/1 colher de sopa de molho de soja
15 ml/1 colher de sopa de vinho de arroz ou xerez seco
15 ml/1 colher de sopa de farinha de milho (amido de milho)
1 berinjela (berinjela), descascada e cortada em tiras
30 ml/2 colheres de sopa de óleo de amendoim
2 pimentas vermelhas secas
2 dentes de alho esmagados
75 ml/5 colheres de sopa de caldo de galinha

Coloque o frango em uma tigela. Misture o molho de soja, o vinho ou xerez e o fubá, misture o frango e deixe descansar por 30 minutos. Escalde a berinjela em água fervente por 3 minutos e escorra bem. Aqueça o azeite e frite os pimentões até escurecer, retire e descarte. Adicione o alho e o frango e frite levemente. Adicione o caldo e a berinjela, deixe ferver, tampe e cozinhe por 3 minutos, mexendo de vez em quando.

Frango enrolado em bacon

Serve 4-6 porções

225g de frango em cubos
30 ml/2 colheres de sopa de molho de soja
15 ml/1 colher de sopa de vinho de arroz ou xerez seco
5 ml/1 colher de chá de açúcar
5 ml/1 colher de chá de óleo de gergelim
sal e pimenta moída na hora
225g/8 onças de fatias de bacon
1 ovo levemente batido
100g/4 onças de farinha simples (multiuso)
óleo para fritar
4 tomates fatiados

Misture o frango com molho de soja, vinho ou xerez, açúcar, óleo de gergelim, sal e pimenta. Cubra e deixe marinar por 1 hora, mexendo de vez em quando, retire o frango e descarte a marinada. Corte o bacon em pedaços e envolva os cubos de frango. Bata os ovos com a farinha até formar uma massa grossa, acrescente um pouco de leite se necessário. Mergulhe os cubos na massa. Aqueça o óleo e frite os cubos até dourar e ficar cozido. Sirva decorado com tomates.

Frango com broto de feijão

Ofertas 4

45 ml/3 colheres de sopa de óleo de amendoim
1 dente de alho esmagado
1 cebolinha (cebola) picada
1 fatia de raiz de gengibre picada
225g de peito de frango cortado em tiras
225g/8oz de broto de feijão
45 ml/3 colheres de sopa de molho de soja
15 ml/1 colher de sopa de vinho de arroz ou xerez seco
5 ml/1 colher de chá de farinha de milho (amido de milho)

Aqueça o azeite e frite o alho, a cebolinha e o gengibre até dourar levemente. Adicione o frango e frite por 5 minutos. Adicione os brotos de feijão e frite por 2 minutos. Misture o molho de soja, o vinho ou xerez e o fubá e frite por cerca de 3 minutos até que o frango esteja cozido.

Frango com molho de feijão preto

Ofertas 4

30 ml/2 colheres de sopa de óleo de amendoim

5 ml/1 colher de chá de sal

30 ml/2 colheres de sopa de molho de feijão preto

2 dentes de alho esmagados

450g/1lb de frango em cubos

250 ml/8 fl oz/1 xícara

1 pimentão verde picado

1 cebola picada

15 ml/1 colher de sopa de molho de soja

pimenta moída na hora

15 ml/1 colher de sopa de farinha de milho (amido de milho)

45 ml/3 colheres de sopa de água

Aqueça o azeite e frite o sal, o feijão preto e o alho por 30 segundos. Adicione o frango e frite até dourar levemente. Mexa o caldo, deixe ferver, tampe e cozinhe por 10 minutos. Adicione pimenta, cebola, molho de soja e pimenta, tampe e cozinhe por mais 10 minutos. Misture o fubá e a água até formar uma pasta, misture o molho e cozinhe, mexendo, até o molho engrossar e o frango ficar cozido.

Frango com brócolis

Ofertas 4

450g/1lb de frango em cubos
225g/8 onças de fígado de galinha
45 ml/3 colheres de sopa de farinha simples (geral)
45 ml/3 colheres de sopa de óleo de amendoim
1 cebola picada
1 pimentão vermelho picado
1 pimentão verde picado
225g/8 onças de florzinhas de brócolis
4 fatias de abacaxi em cubos
30 ml/2 colheres de sopa de purê de tomate (pasta)
30 ml/2 colheres de sopa de molho hoisin
30 ml/2 colheres de sopa de mel
30 ml/2 colheres de sopa de molho de soja
300 ml/½ pt/1 ¼ xícara de caldo de galinha
10 ml/2 colheres de chá de óleo de gergelim

Misture o frango e os fígados de frango na farinha. Aqueça o azeite e frite o fígado por 5 minutos e depois retire da frigideira. Adicione o frango, tampe e cozinhe em fogo baixo por 15 minutos, mexendo de vez em quando. Adicione os legumes e o abacaxi e frite por 8 minutos. Coloque os fígados de volta na wok, acrescente o restante dos ingredientes e leve ao fogo até ferver. Cozinhe, mexendo, até o molho engrossar.

Frango com repolho e nozes

Ofertas 4

45 ml/3 colheres de sopa de óleo de amendoim
30 ml/2 colheres de sopa de amendoim
450g/1lb de frango em cubos
½ repolho cortado em quadradinhos
15 ml/1 colher de sopa de molho de feijão preto
2 pimentões vermelhos, moídos
5 ml/1 colher de chá de sal

Aqueça um pouco de óleo e frite as nozes por alguns minutos, mexendo sempre. Retire, escorra e amasse. Aqueça o restante do azeite e frite o frango e o repolho até dourar levemente. Retire da panela. Adicione o molho de feijão preto e a pimenta e frite por 2 minutos. Coloque novamente o frango e o repolho na panela com o amendoim triturado e tempere com sal. Frite até ficar bem aquecido e sirva imediatamente.

Frango com castanha de caju

Ofertas 4

30 ml/2 colheres de sopa de molho de soja
30 ml/2 colheres de sopa de farinha de milho (amido de milho)
15 ml/1 colher de sopa de vinho de arroz ou xerez seco
350g/12 onças de frango em cubos
45 ml/3 colheres de sopa de óleo de amendoim
2,5 ml/½ colher de chá de sal
2 dentes de alho esmagados
225g/8oz de cogumelos, fatiados
100 g / 4 onças de castanhas-d'água, fatiadas
100g/4 onças de brotos de bambu
50 g/2 onças de mangetout (ervilhas)
225 g/8 onças/2 xícaras de castanha de caju
300 ml/½ pt/1 ¼ xícara de caldo de galinha

Misture o molho de soja, o fubá e o vinho ou xerez, regue com o frango, tampe e deixe marinar por pelo menos 1 hora. Aqueça 30 ml/2 colheres de sopa de óleo com sal e alho e frite até o alho ficar dourado claro. Adicione o frango com a marinada e frite por 2 minutos até que o frango fique dourado claro. Adicione os cogumelos, as castanhas-d'água, os brotos de bambu e a mangetout e frite por 2 minutos. Enquanto isso, aqueça o óleo restante em uma panela separada e frite as castanhas de caju em fogo baixo por alguns minutos até dourar. Coloque-os na panela com o caldo, deixe ferver, tampe e cozinhe por 5 minutos. Se o molho não engrossar o suficiente, misture um pouco de fubá misturado com uma colher de água e mexa até o molho engrossar e clarear.

Frango com Castanhas

Ofertas 4

225 g/8 onças de frango fatiado
5 ml/1 colher de chá de sal
15 ml/1 colher de sopa de molho de soja
óleo para fritar
250 ml/8 fl oz/1 xícara de caldo de galinha
200g/7oz de castanhas d'água picadas
225g/8oz de castanhas picadas
225 g/8 onças de cogumelos, divididos em quartos
15 ml/1 colher de sopa de salsa fresca picada

Polvilhe o frango com sal e molho de soja e esfregue bem no frango. Aqueça o óleo e frite os frangos até dourar, retire e escorra. Coloque o frango numa panela com o caldo, leve para ferver e cozinhe por 5 minutos. Adicione as castanhas-d'água, as castanhas e os cogumelos, tampe e cozinhe por cerca de 20 minutos até que tudo esteja cozido. Sirva decorado com salsa.

Frango com pimenta picante

Ofertas 4

350g/1lb de frango em cubos
1 ovo levemente batido
10 ml/2 colheres de chá de molho de soja
2,5 ml/½ colher de chá de fubá (amido de milho)
óleo para fritar
1 pimentão verde picado
4 dentes de alho esmagados
2 pimentões vermelhos picados
5 ml/1 colher de chá de pimenta moída na hora
5 ml/1 colher de chá de vinagre de vinho
5 ml/1 colher de chá de água
2,5 ml/½ colher de chá de açúcar
2,5 ml/½ colher de chá de óleo de pimenta
2,5 ml/½ colher de chá de óleo de gergelim

Misture o ovo, metade do molho de soja e o fubá e deixe descansar por 30 minutos. Aqueça o óleo e frite os frangos até dourar e escorra bem. Despeje tudo da panela, exceto 15 ml/1 colher de sopa de óleo, adicione páprica, alho e pimenta e frite por 30 segundos. Adicione pimenta, vinagre de vinho, água e açúcar e frite por 30 segundos. Retorne o frango à panela e frite por alguns minutos até ficar cozido. Sirva polvilhado com pimenta e óleo de gergelim.

Frango frito com pimenta

Ofertas 4

225 g/8 onças de frango fatiado
2,5 ml/½ colher de chá de molho de soja
2,5 ml/½ colher de chá de óleo de gergelim
2,5 ml/½ colher de chá de vinho de arroz ou xerez seco
5 ml/1 colher de chá de farinha de milho (amido de milho)
sal
45 ml/3 colheres de sopa de óleo de amendoim
100 g/4 onças de espinafre
4 cebolinhas (cebolas), picadas
2,5 ml/½ colher de chá de pimenta em pó
15 ml/1 colher de sopa de água
1 tomate fatiado

Misture o frango com o molho de soja, o óleo de gergelim, o vinho ou o xerez, metade do fubá e uma pitada de sal. Deixe descansar por 30 minutos. Aqueça 15 ml/1 colher de sopa de óleo e frite o frango até dourar levemente. Retire da wok. Aqueça 15ml/1 colher de sopa de óleo e frite o espinafre até murchar, depois retire da wok. Aqueça o óleo restante e frite a cebolinha, a pimenta em pó, a água e o fubá restante por 2 minutos. Junte o frango e frite rapidamente. Disponha o espinafre no prato aquecido, polvilhe o frango por cima e sirva decorado com tomate.

Costeleta de Frango Suey

Ofertas 4

100g/4oz de folhas chinesas, desfiadas
100g/4oz de brotos de bambu cortados em tiras
60 ml/4 colheres de sopa de óleo de amendoim
3 cebolinhas (cebolas), fatiadas
2 dentes de alho esmagados
1 fatia de raiz de gengibre picada
225g de peito de frango cortado em tiras
45 ml/3 colheres de sopa de molho de soja
15 ml/1 colher de sopa de vinho de arroz ou xerez seco
5 ml/1 colher de chá de sal
2,5 ml/½ colher de chá de açúcar
pimenta moída na hora
15 ml/1 colher de sopa de farinha de milho (amido de milho)

Escalde as folhas chinesas e os brotos de bambu em água fervente por 2 minutos. Escorra e seque. Aqueça 45 ml/3 colheres de sopa de óleo e frite a cebola, o alho e o gengibre até dourar levemente. Adicione o frango e frite por 4 minutos. Retire da panela. Aqueça o restante do azeite e frite os legumes por 3 minutos. Adicione o frango, o molho de soja, o vinho ou xerez, o sal, o açúcar e uma pitada de pimenta e frite por 1 minuto.

Misture um pouco de água ao fubá, misture ao molho e cozinhe, mexendo, até o molho clarear e engrossar.

Chow Mein de Frango

Ofertas 4

30 ml/2 colheres de sopa de óleo de amendoim
2 dentes de alho esmagados
450g/1lb de frango fatiado
225g/8oz de brotos de bambu, fatiados
100 g/4 onças de aipo fatiado
225g/8oz de cogumelos, fatiados
450 ml/¾ pt/2 xícaras de caldo de galinha
225g/8oz de broto de feijão
4 cebolas fatiadas
30 ml/2 colheres de sopa de molho de soja
30 ml/2 colheres de sopa de farinha de milho (amido de milho)
225g/8oz de macarrão chinês seco

Aqueça o azeite com o alho até dourar levemente, depois acrescente o frango e frite por 2 minutos até dourar. Adicione os brotos de bambu, o aipo e os cogumelos e frite por 3 minutos. Adicione a maior parte do caldo, deixe ferver, tampe e cozinhe por 8 minutos. Adicione o broto de feijão e a cebola e cozinhe por 2 minutos, mexendo, até restar apenas um pouco de caldo. Misture o caldo restante com o molho de soja e o fubá. Misture na panela e cozinhe, mexendo, até o molho clarear e engrossar.

Enquanto isso, cozinhe o macarrão em água e sal por alguns minutos de acordo com as instruções da embalagem. Escorra bem e misture com a mistura de frango e sirva imediatamente.

Frango temperado frito crocante

Ofertas 4

450g/1lb de frango cortado em pedaços
30 ml/2 colheres de sopa de molho de soja
30 ml/2 colheres de sopa de molho de ameixa
45ml/3 colheres de sopa de chutney de manga
1 dente de alho esmagado
2,5 ml/½ colher de chá de gengibre em pó
algumas gotas de conhaque
30 ml/2 colheres de sopa de farinha de milho (amido de milho)
2 ovos batidos
100 g/4 onças/1 xícara de pão ralado seco
30 ml/2 colheres de sopa de óleo de amendoim
6 cebolinhas (cebolinha), picadas
1 pimentão vermelho picado
1 pimentão verde picado
30 ml/2 colheres de sopa de molho de soja
30 ml/2 colheres de sopa de mel
30 ml/2 colheres de sopa de vinagre de vinho

Coloque o frango em uma tigela. Misture os molhos, o chutney, o alho, o gengibre e o conhaque, regue com o frango, tampe e deixe marinar por 2 horas. Escorra o frango e polvilhe com fubá.

Pincele os ovos e depois a farinha de rosca. Aqueça o óleo e frite os frangos até dourar. Retire da panela. Adicione os legumes e frite por 4 minutos e retire. Escorra o óleo da panela e coloque o frango e os legumes de volta na panela junto com os demais ingredientes. Deixe ferver e reaqueça antes de servir.

Frango frito com pepino

Ofertas 4

225g/8 onças de frango

1 clara de ovo

2,5 ml/½ colher de chá de fubá (amido de milho)

sal

½ pepino

30 ml/2 colheres de sopa de óleo de amendoim

100g/4 onças de champignon

50g/2oz de brotos de bambu cortados em tiras

50g/2 onças de presunto em cubos

15 ml/1 colher de sopa de água

2,5 ml/½ colher de chá de sal

2,5 ml/½ colher de chá de vinho de arroz ou xerez seco

2,5 ml/½ colher de chá de óleo de gergelim

Fatie o frango e corte-o em pedaços. Misture com clara de ovo, fubá e sal e deixe descansar. Corte o pepino ao meio no sentido do comprimento e corte na diagonal em fatias grossas. Aqueça o azeite e frite o frango até dourar levemente, depois retire da frigideira. Adicione o pepino e os brotos de bambu e frite por 1 minuto. Volte a colocar o frango na frigideira com o presunto, a água, o sal e o vinho ou xerez. Deixe ferver e cozinhe até que o frango esteja cozido. Sirva polvilhado com óleo de gergelim.

Curry de frango com pimenta

Ofertas 4

120 ml/4 fl oz/½ xícara de óleo de amendoim
4 pedaços de frango
1 cebola picada
5 ml/1 colher de chá de curry em pó
5 ml/1 colher de chá de molho de pimenta
15 ml/1 colher de sopa de vinho de arroz ou xerez seco
2,5 ml/½ colher de chá de sal
600 ml/1 pt/2½ xícaras de caldo de galinha
15 ml/1 colher de sopa de farinha de milho (amido de milho)
45 ml/3 colheres de sopa de água
5 ml/1 colher de chá de óleo de gergelim

Aqueça o azeite e frite os pedaços de frango até dourar dos dois lados e retire-os da frigideira. Adicione a cebola, o curry em pó e o molho de pimenta e frite por 1 minuto. Adicione o vinho ou xerez e o sal, misture bem, coloque o frango de volta na panela e misture novamente. Adicione o caldo, deixe ferver e cozinhe lentamente por cerca de 30 minutos até que o frango esteja cozido. Se o molho não tiver evaporado o suficiente, misture o fubá e a água até formar uma pasta, misture um pouco no molho e cozinhe, mexendo, até engrossar o molho. Sirva polvilhado com óleo de gergelim.

Caril de frango chinês

Ofertas 4

45 ml/3 colheres de sopa de curry em pó
1 cebola fatiada
350g/12 onças de frango em cubos
150 ml / ¼ pt / generoso ½ xícara de caldo de galinha
5 ml/1 colher de chá de sal
10 ml/2 colheres de chá de farinha de milho (amido de milho)
15 ml/1 colher de sopa de água

Aqueça o curry em pó e a cebola em uma frigideira seca por 2 minutos, sacudindo a frigideira para cobrir a cebola. Adicione o frango e mexa até ficar bem revestido com o curry em pó. Adicione o caldo e o sal, deixe ferver, tampe e cozinhe por cerca de 5 minutos até que o frango esteja cozido. Misture o fubá e a água até formar uma pasta, misture na panela e cozinhe, mexendo, até o molho engrossar.

Frango com curry rápido

Ofertas 4

450g/1lb de peito de frango em cubos

45 ml/3 colheres de sopa de vinho de arroz ou xerez seco

50 g/2 onças de fubá (amido de milho)

1 clara de ovo

sal

150 ml / ¼ pt / generoso ½ xícara de óleo de amendoim

15 ml/1 colher de sopa de curry em pó

10 ml/2 colheres de chá de açúcar mascavo

150 ml / ¼ pt / generoso ½ xícara de caldo de galinha

Misture os cubos de frango e o xerez. Reserve 10 ml/2 colheres de chá de fubá. Bata a clara de ovo com o restante do fubá e uma pitada de sal e envolva no frango até ficar bem revestido. Aqueça o óleo e frite o frango até ficar cozido e dourado. Retire da panela e escorra tudo, exceto 15 ml/1 colher de sopa. Misture a farinha de milho reservada, o curry e o açúcar e frite por 1 minuto. Junte o caldo, leve para ferver e cozinhe, mexendo sempre, até o molho engrossar. Retorne o frango à panela, mexa e aqueça antes de servir.

Frango ao curry com batatas

Ofertas 4

45 ml/3 colheres de sopa de óleo de amendoim
2,5 ml/½ colher de chá de sal
1 dente de alho esmagado
750g/1½ lb de frango em cubos
225g/8oz de batatas em cubos
4 cebolas fatiadas
15 ml/1 colher de sopa de curry em pó
450 ml/¾ pt/2 xícaras de caldo de galinha
225g/8oz de cogumelos, fatiados

Aqueça o azeite com sal e alho, acrescente o frango e frite até dourar levemente. Adicione as batatas, cebolas e curry em pó e frite por 2 minutos. Adicione o caldo, deixe ferver, tampe e cozinhe por cerca de 20 minutos até que o frango esteja cozido, mexendo de vez em quando. Adicione os cogumelos, retire a tampa e cozinhe por mais 10 minutos até o líquido evaporar.

Pernas de frango frito

Ofertas 4
2 coxas de frango grandes, desossadas
2 cebolinhas (cebolas)
1 fatia de gengibre, batida até ficar homogêneo
120 ml/4 fl oz/½ xícara de molho de soja
5 ml/1 colher de chá de vinho de arroz ou xerez seco
óleo para fritar
5 ml/1 colher de chá de óleo de gergelim
pimenta moída na hora

Espalhe a carne do frango e corte-a toda. Bata 1 cebolinha e pique a outra. Misture a cebolinha achatada com gengibre, molho de soja e vinho ou xerez. Despeje sobre o frango e deixe marinar por 30 minutos. Retire e escorra. Coloque em um prato sobre uma gradinha e cozinhe no vapor por 20 minutos.

Aqueça o óleo e frite o frango por cerca de 5 minutos até dourar. Retire da panela, escorra bem e corte em fatias grossas e coloque as fatias em uma travessa aquecida. Aqueça o óleo de gergelim, acrescente a cebolinha picada e a pimenta, regue com o frango e sirva.

Frango frito com molho de curry

Ofertas 4

1 ovo levemente batido
30 ml/2 colheres de sopa de farinha de milho (amido de milho)
25 g/1 onça/¼ xícara de farinha simples (multiuso)
2,5 ml/½ colher de chá de sal
225g de frango em cubos
óleo para fritar
30 ml/2 colheres de sopa de óleo de amendoim
30 ml/2 colheres de sopa de curry em pó
60 ml/4 colheres de sopa de vinho de arroz ou xerez seco

Bata o ovo com o fubá, a farinha e o sal até formar uma massa grossa. Despeje sobre o frango e misture bem para revestir. Aqueça o óleo e frite o frango até dourar e ficar cozido. Enquanto isso, aqueça o óleo e frite o curry em pó por 1 minuto. Junte o vinho ou o xerez e deixe ferver. Coloque o frango em um prato quente e regue com o molho de curry.

Frango bêbado

Ofertas 4

450g/1lb de filé de frango cortado em pedaços
60 ml/4 colheres de sopa de molho de soja
30 ml/2 colheres de sopa de molho hoisin
30 ml/2 colheres de sopa de molho de ameixa
30 ml/2 colheres de sopa de vinagre de vinho
2 dentes de alho esmagados
uma pitada de sal
algumas gotas de óleo de pimenta
2 claras de ovo
60 ml/4 colheres de sopa de farinha de milho (amido de milho)
óleo para fritar
200 ml/½ pt/1¼ xícara de vinho de arroz ou xerez seco

Coloque o frango em uma tigela. Misture os molhos e o vinagre de vinho, o alho, o sal e o óleo de pimenta, regue com o frango e deixe marinar na geladeira por 4 horas. Bata as claras até ficarem firmes e envolva o fubá. Retire o frango da marinada e pincele com a mistura de clara de ovo. Aqueça o óleo e frite o frango até ficar cozido e dourado. Escorra bem em papel toalha e coloque em uma tigela. Regue com o vinho ou xerez, tampe e deixe marinar na geladeira por 12 horas. Retire o frango do vinho e sirva frio.

Frango salgado com ovos

Ofertas 4

30 ml/2 colheres de sopa de óleo de amendoim
4 pedaços de frango
2 cebolinhas (cebolas), picadas
1 dente de alho esmagado
1 fatia de raiz de gengibre picada
175 ml/6 fl oz/¾ xícara de molho de soja
30 ml/2 colheres de sopa de vinho de arroz ou xerez seco
30 ml/2 colheres de sopa de açúcar mascavo
5 ml/1 colher de chá de sal
375 ml/13 fl oz/1½ xícara de água
4 ovos cozidos (cozidos)
15 ml/1 colher de sopa de farinha de milho (amido de milho)

Aqueça o óleo e frite os pedaços de frango até dourar. Adicione a cebolinha, o alho e o gengibre e frite por 2 minutos. Adicione o molho de soja, o vinho ou xerez, o açúcar e o sal e misture bem. Adicione água e deixe ferver, tampe e cozinhe por 20 minutos. Adicione os ovos cozidos, tampe e cozinhe por mais 15 minutos. Misture um pouco de água ao fubá, misture ao molho e cozinhe, mexendo, até o molho clarear e engrossar.

Rolinhos de ovo de galinha

Ofertas 4

4 cogumelos chineses secos

100g de frango cortado em tiras

5 ml/1 colher de chá de farinha de milho (amido de milho)

15 ml/1 colher de sopa de molho de soja

2,5 ml/½ colher de chá de sal

2,5 ml/½ colher de chá de açúcar

60 ml/4 colheres de sopa de óleo de amendoim

225g/8oz de broto de feijão

3 cebolinhas (cebolas), picadas

100 g/4 onças de espinafre

12 cascas de rolinho de ovo

1 ovo batido

óleo para fritar

Mergulhe os cogumelos em água morna por 30 minutos e escorra. Descarte os talos e pique as tampas. Coloque o frango em uma tigela. Misture o fubá com 5 ml/1 colher de chá de molho de soja, sal e açúcar e misture ao frango. Deixe descansar por 15 minutos. Aqueça metade do óleo e frite o frango até dourar levemente. Cozinhe os brotos de feijão em água fervente por 3 minutos e escorra. Aqueça o óleo restante e frite as cebolinhas até dourar levemente. Junte os cogumelos, os brotos de feijão, o espinafre e o restante do molho de soja. Adicione o frango e frite por 2 minutos. Deixe esfriar. Coloque um pouco de recheio no centro de cada casca e pincele as bordas com ovo batido. Dobre as laterais e enrole os rolinhos de ovo e sele as bordas com o ovo. Aqueça o óleo e frite os rolinhos de ovo até ficarem crocantes e dourados.

Frango Estufado com Ovos

Ofertas 4

30 ml/2 colheres de sopa de óleo de amendoim
4 filés de peito de frango cortados em tiras
1 pimentão vermelho cortado em tiras
1 pimentão verde cortado em tiras
45 ml/3 colheres de sopa de molho de soja
45 ml/3 colheres de sopa de vinho de arroz ou xerez seco
250 ml/8 fl oz/1 xícara de caldo de galinha
100g/4 onças de alface americana picada
5 ml/1 colher de chá de açúcar mascavo
30 ml/2 colheres de sopa de molho hoisin
sal e pimenta
15 ml/1 colher de sopa de farinha de milho (amido de milho)
30 ml/2 colheres de sopa de água
4 ovos
30 ml/2 colheres de sopa de xerez

Aqueça o azeite e frite o frango e o pimentão até dourar. Adicione o molho de soja, o vinho ou xerez e o caldo, deixe ferver, tampe e cozinhe por 30 minutos. Adicione a alface, o açúcar e o molho hoisin e tempere com sal e pimenta. Misture o fubá e a água, misture ao molho e leve para ferver mexendo sempre. Bata os ovos com o xerez e frite em omeletes finas. Polvilhe sal e pimenta por cima e rasgue em tiras. Coloque em uma travessa quente e regue com o frango.

Frango do Extremo Oriente

Ofertas 4

60 ml/4 colheres de sopa de óleo de amendoim
450g/1lb de frango cortado em pedaços
2 dentes de alho esmagados
2,5 ml/½ colher de chá de sal
2 cebolas picadas
2 talos de gengibre picados
45 ml/3 colheres de sopa de molho de soja
30 ml/2 colheres de sopa de molho hoisin
45 ml/3 colheres de sopa de vinho de arroz ou xerez seco
300 ml/½ pt/1 ¼ xícara de caldo de galinha
5 ml/1 colher de chá de pimenta moída na hora
6 ovos cozidos (cozidos), picados
15 ml/1 colher de sopa de farinha de milho (amido de milho)
15 ml/1 colher de sopa de água

Aqueça o óleo e frite o frango até dourar. Adicione o alho, o sal, a cebola e o gengibre e frite por 2 minutos. Adicione o molho de soja, o molho hoisin, o vinho ou xerez, o caldo e a pimenta. Deixe ferver, tampe e cozinhe por 30 minutos. Adicione os ovos. Misture o fubá e a água e misture ao molho. Deixe ferver e cozinhe, mexendo, até o molho engrossar.

Frango Foo Yung

Ofertas 4

6 ovos batidos
45 ml/3 colheres de sopa de farinha de milho (amido de milho)
100g/4 onças de cogumelos, picados grosseiramente
225g/8oz de peito de frango em cubos
1 cebola picada
5 ml/1 colher de chá de sal
45 ml/3 colheres de sopa de óleo de amendoim

Bata os ovos e depois acrescente o fubá. Misture todos os outros ingredientes, exceto o óleo. Aqueça o óleo. Despeje a mistura na panela aos poucos para fazer panquecas pequenas, com cerca de 7,5 cm de diâmetro. Frite até o fundo ficar dourado e vire e frite do outro lado.

Presunto e Frango Foo Yung

Ofertas 4

6 ovos batidos

45 ml/3 colheres de sopa de farinha de milho (amido de milho)

100g/4 onças de presunto em cubos

225g/8oz de peito de frango em cubos

3 cebolinhas (cebolas), picadas

5 ml/1 colher de chá de sal

45 ml/3 colheres de sopa de óleo de amendoim

Bata os ovos e depois acrescente o fubá. Misture todos os outros ingredientes, exceto o óleo. Aqueça o óleo. Despeje a mistura na panela aos poucos para fazer panquecas pequenas, com cerca de 7,5 cm de diâmetro. Frite até o fundo ficar dourado e vire e frite do outro lado.

Frango frito com gengibre

Ofertas 4

1 frango cortado ao meio
4 fatias de raiz de gengibre esmagadas
30 ml/2 colheres de sopa de vinho de arroz ou xerez seco
30 ml/2 colheres de sopa de molho de soja
5 ml/1 colher de chá de açúcar
óleo para fritar

Coloque o frango em uma tigela rasa. Misture gengibre, vinho ou xerez, molho de soja e açúcar, regue com o frango e esfregue na pele. Deixe marinar por 1 hora. Aqueça o óleo e frite o frango meio de cada vez até ganhar um pouco de cor. Retire do óleo e deixe esfriar um pouco enquanto reaquece o óleo. Retorne o frango à panela e cozinhe até dourar e estar cozido. Escorra bem antes de servir.

Frango com gengibre

Ofertas 4

225g de frango em fatias finas

1 clara de ovo

uma pitada de sal

2,5 ml/½ colher de chá de fubá (amido de milho)

15 ml/1 colher de sopa de óleo de amendoim

10 fatias de raiz de gengibre

6 cogumelos cortados ao meio

1 cenoura fatiada

2 cebolinhas (cebolinha), fatiadas

5 ml/1 colher de chá de vinho de arroz ou xerez seco

5 ml/1 colher de chá de água

2,5 ml/½ colher de chá de óleo de gergelim

Misture o frango com a clara do ovo, o sal e o fubá. Aqueça metade do óleo e frite o frango até dourar levemente, depois retire da frigideira. Aqueça o azeite restante e frite o gengibre, os cogumelos, a cenoura e a cebolinha por 3 minutos. Retorne o frango à panela com o vinho ou xerez e água e cozinhe até que o frango esteja cozido. Sirva polvilhado com óleo de gergelim.

Frango ao gengibre com cogumelos e castanhas

Ofertas 4

60 ml/4 colheres de sopa de óleo de amendoim
225g/8oz de cebola fatiada
450g/1lb de frango em cubos
100g/4 onças de cogumelos, fatiados
30 ml/2 colheres de sopa de farinha simples (geral)
60 ml/4 colheres de sopa de molho de soja
10 ml/2 colheres de chá de açúcar
sal e pimenta moída na hora
900 ml/1 ½ pt/3¾ xícaras de água quente
2 fatias de raiz de gengibre picada
450 g/1 lb de castanhas d'água

Aqueça metade do azeite e frite a cebola por 3 minutos, depois retire da frigideira. Aqueça o restante do azeite e frite o frango até dourar levemente.

Adicione os cogumelos e cozinhe por 2 minutos. Polvilhe farinha na mistura e misture o molho de soja, o açúcar, o sal e a pimenta. Despeje a água e o gengibre, a cebola e as castanhas. Deixe ferver, tampe e cozinhe lentamente por 20 minutos. Retire a tampa e continue cozinhando lentamente até que o molho evapore.

A galinha dourada

Ofertas 4

8 pequenos pedaços de frango
300 ml/½ pt/1 ¼ xícara de caldo de galinha
45 ml/3 colheres de sopa de molho de soja
15 ml/1 colher de sopa de vinho de arroz ou xerez seco
5 ml/1 colher de chá de açúcar
1 gengibre fatiado, moído

Coloque todos os ingredientes em uma panela grande, deixe ferver, tampe e cozinhe por cerca de 30 minutos até que o frango esteja totalmente cozido. Retire a tampa e continue cozinhando até que o molho evapore.

Ensopado de frango dourado marinado

Ofertas 4

4 pedaços de frango
300 ml/½ pt/1¼ xícara de molho de soja
óleo para fritar
4 cebolinhas (cebolas), em fatias grossas
1 fatia de raiz de gengibre, moída
2 pimentões vermelhos, fatiados
3 dentes de anis estrelado
50g/2oz de brotos de bambu, fatiados
150 ml / 1½ pt / ½ xícara generosa de caldo de galinha
30 ml/2 colheres de sopa de farinha de milho (amido de milho)
60 ml/4 colheres de sopa de água
5 ml/1 colher de chá de óleo de gergelim

Corte o frango em pedaços grandes e deixe marinar em molho de soja por 10 minutos. Retire e escorra, reservando o molho de soja. Aqueça o óleo e frite o frango por cerca de 2 minutos até dourar. Retire e escorra. Despeje tudo, exceto 30ml / 2 colheres de sopa de óleo, em seguida, adicione a cebolinha, o gengibre, a pimenta e o anis estrelado e frite por 1 minuto. Retorne o frango para a panela com os brotos de bambu e o molho de soja reservado e adicione caldo suficiente para cobrir o frango. Deixe ferver e cozinhe por cerca de 10 minutos até que o frango esteja cozido. Retire o frango do molho com uma escumadeira e coloque em um prato quente. Coe o molho e coloque novamente na panela. Misture o fubá e a água até formar uma pasta, misture ao molho e cozinhe, mexendo, até o molho engrossar.

Moedas de ouro

Ofertas 4

4 peitos de frango

30 ml/2 colheres de sopa de mel

30 ml/2 colheres de sopa de vinagre de vinho

30 ml/2 colheres de sopa de ketchup de tomate (ketchup)

30 ml/2 colheres de sopa de molho de soja

uma pitada de sal

2 dentes de alho esmagados

5 ml/1 colher de chá de cinco especiarias em pó

45 ml/3 colheres de sopa de farinha simples (geral)

2 ovos batidos

5 ml/1 colher de chá de raiz de gengibre ralada

5 ml/1 colher de chá de casca de limão ralada

100 g/4 onças/1 xícara de pão ralado seco

óleo para fritar

Coloque o frango em uma tigela. Misture mel, vinagre de vinho, ketchup de tomate, molho de soja, sal, alho e cinco especiarias em pó. Despeje sobre o frango, misture bem, tampe e deixe marinar na geladeira por 12 horas.

Retire o frango da marinada e corte em tiras da espessura de um dedo. Moer com farinha. Bata os ovos, o gengibre e as raspas de limão. Cubra o frango com a mistura e depois com a farinha de rosca até revestir uniformemente. Aqueça o óleo e frite os frangos até dourar.

Frango cozido no vapor com presunto

Ofertas 4

4 pedaços de frango
100g/4 onças de presunto defumado picado
3 cebolinhas (cebolas), picadas
15 ml/1 colher de sopa de óleo de amendoim
sal e pimenta moída na hora
15 ml/1 colher de sopa de folhas de salsa

Corte os pedaços de frango em pedaços de 5cm/1 e coloque num refratário com o presunto e as cebolinhas. Polvilhe azeite e tempere com sal e pimenta e misture delicadamente os ingredientes. Coloque a tigela no vaporizador na grelha, tampe e cozinhe em água fervente por cerca de 40 minutos até que o frango esteja cozido. Sirva decorado com salsa.

Frango com molho Hoisin

Ofertas 4

4 pedaços de frango cortados ao meio
50 g/2 onças/½ xícara de amido de milho

óleo para fritar

10 ml/2 colher de chá de raiz de gengibre ralada

2 cebolas picadas

225g/8 onças de florzinhas de brócolis

1 pimentão vermelho picado

225g/8 onças de champignon

250 ml/8 fl oz/1 xícara de caldo de galinha

45 ml/3 colheres de sopa de vinho de arroz ou xerez seco

45 ml/3 colheres de sopa de vinagre de cidra

45 ml/3 colheres de sopa de molho hoisin

20 ml/4 colheres de chá de molho de soja

Cubra os pedaços de frango com metade do fubá. Aqueça o óleo e frite os pedaços de frango, aos poucos, por cerca de 8 minutos, até que estejam dourados e cozidos. Retire da panela e escorra em papel toalha. Retire da panela tudo menos 30 ml/2 colheres de sopa de óleo e frite o gengibre por 1 minuto. Adicione a cebola e refogue por 1 minuto. Adicione o brócolis, a pimenta e os cogumelos e frite por 2 minutos. Combine o caldo com o fubá reservado e o restante dos ingredientes e coloque na panela. Deixe ferver, mexendo e cozinhe até o molho ficar claro. Retorne o frango à wok e cozinhe, mexendo, por cerca de 3 minutos até ficar bem aquecido.

Frango com mel

Ofertas 4

30 ml/2 colheres de sopa de óleo de amendoim
4 pedaços de frango
30 ml/2 colheres de sopa de molho de soja
120 ml/4 fl oz/½ xícara de vinho de arroz ou xerez seco
30 ml/2 colheres de sopa de mel
5 ml/1 colher de chá de sal
1 cebolinha (cebola) picada
1 fatia de raiz de gengibre picada

Aqueça o azeite e frite o frango por todos os lados até dourar. Escorra o excesso de óleo. Misture o restante dos ingredientes e despeje na panela. Deixe ferver, tampe e cozinhe por cerca de 40 minutos até que o frango esteja cozido.

Frango Kung Pao

Ofertas 4

450g/1lb de frango em cubos
1 clara de ovo
5 ml/1 colher de chá de sal
30 ml/2 colheres de sopa de farinha de milho (amido de milho)
60 ml/4 colheres de sopa de óleo de amendoim

25 g/1 onça de pimenta vermelha seca, picada

5 ml/1 colher de chá de alho picado

15 ml/1 colher de sopa de molho de soja

15 ml/1 colher de sopa de vinho de arroz ou xerez seco 5 ml/1 colher de chá de açúcar

5 ml/1 colher de chá de vinagre de vinho

5 ml/1 colher de chá de óleo de gergelim

30 ml/2 colheres de sopa de água

Coloque o frango em uma tigela com a clara do ovo, o sal e metade do fubá e deixe marinar por 30 minutos. Aqueça o azeite e frite o frango até dourar levemente, depois retire da frigideira. Aqueça novamente o azeite e frite a pimenta e o alho por 2 minutos. Retorne o frango à frigideira com o molho de soja, o vinho ou xerez, o açúcar, o vinagre de vinho e o óleo de gergelim e frite por 2 minutos. Misture o restante do fubá com a água, misture na panela e cozinhe, mexendo, até o molho ficar claro e engrossar.

Frango com alho-poró

Ofertas 4

30 ml/2 colheres de sopa de óleo de amendoim

5 ml/1 colher de chá de sal

225g/8 onças de alho-poró fatiado

1 fatia de raiz de gengibre picada
225g de frango em fatias finas
15 ml/1 colher de sopa de vinho de arroz ou xerez seco
15 ml/1 colher de sopa de molho de soja

Aqueça metade do azeite e frite o sal e o alho-poró até dourar levemente, depois retire da frigideira. Aqueça o restante do azeite e frite o gengibre e o frango até dourar levemente. Adicione o vinho ou xerez e o molho de soja e cozinhe por mais 2 minutos até que o frango esteja cozido. Retorne o alho-poró para a panela e mexa até aquecer. Sirva imediatamente.

Frango com limão

Ofertas 4

4 peitos de frango desossados
2 ovos
50 g/2 onças/½ xícara de amido de milho
50 g/2 onças/½ xícara de farinha simples (multiuso)

150 ml / ¼ pt / ½ xícara generosa de água
óleo de amendoim para fritar
250 ml/8 fl oz/1 xícara de caldo de galinha
60 ml/5 colheres de sopa de suco de limão
30 ml/2 colheres de sopa de vinho de arroz ou xerez seco
30 ml/2 colheres de sopa de farinha de milho (amido de milho)
30 ml/2 colheres de sopa de purê de tomate (pasta)
1 salada principal

Corte cada peito de frango em 4 pedaços. Bata os ovos, o fubá e a farinha simples e acrescente água apenas o suficiente para fazer uma massa grossa. Coloque os pedaços de frango na massa e misture até ficarem bem revestidos. Aqueça o óleo e frite o frango até dourar e ficar cozido.

Enquanto isso, misture o caldo, o suco de limão, o vinho ou xerez, o fubá e o purê de tomate e aqueça delicadamente, mexendo, até ferver. Cozinhe lentamente, mexendo sempre, até o molho engrossar e ficar claro. Coloque o frango em uma travessa aquecida sobre as folhas de alface e regue com o molho ou sirva separadamente.

Mexido De Frango Com Limão

Ofertas 4

450g/1lb de frango desossado, fatiado
30 ml/2 colheres de sopa de suco de limão
15 ml/1 colher de sopa de molho de soja
15 ml/1 colher de sopa de vinho de arroz ou xerez seco
30 ml/2 colheres de sopa de farinha de milho (amido de milho)

30 ml/2 colheres de sopa de óleo de amendoim

2,5 ml/½ colher de chá de sal

2 dentes de alho esmagados

50 g/2 onças de castanhas-d'água, cortadas em tiras

50g/2oz de brotos de bambu cortados em tiras

algumas folhas chinesas, cortadas em tiras

60 ml/4 colheres de sopa de caldo de galinha

15 ml/1 colher de sopa de purê de tomate (pasta)

15 ml/1 colher de sopa de açúcar

15 ml/1 colher de sopa de suco de limão

Coloque o frango em uma tigela. Misture o suco de limão, o molho de soja, o vinho ou xerez e 15 ml/1 colher de sopa de fubá, regue com o frango e deixe marinar por 1 hora, virando de vez em quando.

Aqueça o azeite, o sal e o alho até o alho ficar dourado claro, depois acrescente o frango e a marinada e frite por cerca de 5 minutos até o frango ficar dourado claro. Adicione as castanhas-d'água, os brotos de bambu e as folhas chinesas e frite por mais 3 minutos ou até que o frango esteja cozido. Adicione o restante dos ingredientes e frite por cerca de 3 minutos, até o molho ficar claro e engrossar.

Fígado de frango com broto de bambu

Ofertas 4

225g/8 onças de fígado de frango, em fatias grossas
45 ml/3 colheres de sopa de vinho de arroz ou xerez seco
45 ml/3 colheres de sopa de óleo de amendoim
15 ml/1 colher de sopa de molho de soja
100g/4oz de brotos de bambu, fatiados
100 g / 4 onças de castanhas-d'água, fatiadas
60 ml/4 colheres de sopa de caldo de galinha
sal e pimenta moída na hora

Misture os fígados de frango com vinho ou xerez e deixe descansar por 30 minutos. Aqueça o óleo e frite os fígados de frango até dourar levemente. Adicione a marinada, o molho de soja, o broto de bambu, as castanhas-d'água e o caldo. Deixe ferver e tempere com sal e pimenta. Cubra e cozinhe por cerca de 10 minutos até ficar macio.

Fígados de frango frito

Ofertas 4

450g/1lb de fígado de galinha, dividido pela metade
50 g/2 onças/½ xícara de amido de milho
óleo para fritar

Seque os fígados de frango e polvilhe com fubá e sacuda o excesso. Aqueça o óleo e frite os fígados de frango por alguns minutos até dourar e cozinhar. Escorra em papel toalha antes de servir.

Fígados de frango com mangetout

Ofertas 4

225g/8 onças de fígado de frango, em fatias grossas
10 ml/2 colheres de chá de farinha de milho (amido de milho)
10 ml/2 colheres de chá de vinho de arroz ou xerez seco
15 ml/1 colher de sopa de molho de soja
45 ml/3 colheres de sopa de óleo de amendoim

2,5 ml/½ colher de chá de sal

2 fatias de raiz de gengibre picada

100 g de mangetout (ervilhas)

10 ml/2 colheres de chá de farinha de milho (amido de milho)

60 ml/4 colheres de sopa de água

Coloque os fígados de frango em uma tigela. Adicione fubá, vinho ou xerez e molho de soja e misture bem para revestir. Aqueça metade do azeite e frite levemente o sal e o gengibre até dourar. Adicione a mangetout e frite até ficar bem revestida com óleo e retire da panela. Aqueça o óleo restante e frite os fígados de frango por 5 minutos até ficarem cozidos. Misture o fubá e a água até formar uma pasta, misture na panela e cozinhe, mexendo, até o molho clarear e engrossar. Retorne a mangetout para a panela e cozinhe até aquecer bem.

Fígado de frango com panqueca de macarrão

Ofertas 4

30 ml/2 colheres de sopa de óleo de amendoim

1 cebola fatiada

450g/1lb de fígado de galinha, dividido pela metade

2 talos de aipo fatiados

120 ml/4 fl oz/½ xícara de caldo de galinha

15 ml/1 colher de sopa de farinha de milho (amido de milho)

15 ml/1 colher de sopa de molho de soja
30 ml/2 colheres de sopa de água
panqueca de macarrão

Aqueça o azeite e refogue a cebola até amolecer. Adicione os fígados de frango e frite até ficarem coloridos. Adicione o aipo e frite por 1 minuto. Adicione o caldo, deixe ferver, tampe e cozinhe por 5 minutos. Misture o fubá, o molho de soja e a água até formar uma pasta, misture na panela e cozinhe, mexendo, até o molho ficar claro e engrossar. Despeje a mistura sobre a panqueca de macarrão e sirva.

Fígado de frango com molho de ostra

Ofertas 4

45 ml/3 colheres de sopa de óleo de amendoim
1 cebola picada
225g/8 onças de fígado de frango, dividido pela metade
100g/4 onças de cogumelos, fatiados
30 ml/2 colheres de sopa de molho de ostra

15 ml/1 colher de sopa de molho de soja
15 ml/1 colher de sopa de vinho de arroz ou xerez seco
120 ml/4 fl oz/½ xícara de caldo de galinha
5 ml/1 colher de chá de açúcar
15 ml/1 colher de sopa de farinha de milho (amido de milho)
45 ml/3 colheres de sopa de água

Aqueça metade do azeite e refogue a cebola até amolecer. Adicione os fígados de frango e frite até ficarem coloridos. Adicione os cogumelos e frite por 2 minutos. Misture o molho de ostra, o molho de soja, o vinho ou xerez, o caldo e o açúcar, despeje na panela e leve ao fogo até ferver mexendo sempre. Misture o fubá e a água até formar uma pasta, coloque na panela e cozinhe, mexendo, até o molho clarear e engrossar e os fígados ficarem macios.

Fígado de frango com abacaxi

Ofertas 4

225g/8 onças de fígado de frango, dividido pela metade
45 ml/3 colheres de sopa de óleo de amendoim
30 ml/2 colheres de sopa de molho de soja
15 ml/1 colher de sopa de farinha de milho (amido de milho)
15 ml/1 colher de sopa de açúcar
15 ml/1 colher de sopa de vinagre de vinho

sal e pimenta moída na hora
100 g/4 onças de pedaços de abacaxi
60 ml/4 colheres de sopa de caldo de galinha

Cozinhe os fígados de frango em água fervente por 30 segundos e escorra. Aqueça o óleo e frite o fígado de frango por 30 segundos. Misture o molho de soja, o fubá, o açúcar, o vinagre de vinho, o sal e a pimenta, despeje na panela e misture bem para cobrir o fígado de frango. Adicione os pedaços de abacaxi e o caldo e frite por cerca de 3 minutos até que os fígados estejam cozidos.

Fígado de frango agridoce

Ofertas 4

30 ml/2 colheres de sopa de óleo de amendoim
450g/1lb de fígado de galinha, esquartejado
2 pimentões verdes cortados em pedaços
4 fatias de abacaxi em lata, cortadas em pedaços
60 ml/4 colheres de sopa de caldo de galinha

30 ml/2 colheres de sopa de farinha de milho (amido de milho)
10 ml/2 colheres de chá de molho de soja
100 g/4 onças/½ xícara de açúcar
120 ml/4 fl oz/½ xícara de vinagre de vinho
120 ml/4 fl oz/½ xícara de água

Aqueça o óleo e frite levemente os fígados até dourar, depois transfira-os para uma travessa quente. Adicione os pimentões à frigideira e frite por 3 minutos. Adicione o abacaxi e o caldo, deixe ferver, tampe e cozinhe por 15 minutos. Misture o restante dos ingredientes até formar uma pasta, misture na panela e cozinhe, mexendo, até o molho engrossar. Despeje sobre os fígados de frango e sirva.

Frango com Lichia

Ofertas 4

3 peitos de frango
60 ml/4 colheres de sopa de farinha de milho (amido de milho)
45 ml/3 colheres de sopa de óleo de amendoim
5 cebolinhas (cebolas), fatiadas
1 pimentão vermelho cortado em pedaços

120 ml/4 fl oz/½ xícara de molho de tomate
120 ml/4 fl oz/½ xícara de caldo de galinha
5 ml/1 colher de chá de açúcar
275g/10oz de lichias descascadas

Corte os peitos de frango ao meio e retire e descarte os ossos e a pele. Corte cada peito em 6 pedaços. Reserve 5ml/1 colher de chá de fubá e misture o frango com o restante até ficar bem revestido. Aqueça o óleo e frite o frango por cerca de 8 minutos até dourar. Adicione a cebolinha e a pimenta e frite por 1 minuto. Misture o molho de tomate, metade do caldo e o açúcar e misture na wok com as lichias. Deixe ferver, tampe e cozinhe por cerca de 10 minutos até que o frango esteja cozido. Misture o fubá reservado e o caldo e mexa na panela. Cozinhe, mexendo, até o molho clarear e engrossar.

Frango com molho de lichia

Ofertas 4

225 g/8 onças de frango
1 cebolinha (cebolinha)
4 castanhas d'água
30 ml/2 colheres de sopa de farinha de milho (amido de milho)
45 ml/3 colheres de sopa de molho de soja
30 ml/2 colheres de sopa de vinho de arroz ou xerez seco

2 claras de ovo

óleo para fritar

400g/14 onças de lichias em calda

5 colheres de sopa de caldo de galinha

Moa (esmague) o frango com as cebolinhas e as castanhas d'água. Misture metade do fubá, 30 ml/2 colheres de sopa de molho de soja, vinho ou xerez e claras de ovo. Molde a mistura em bolas do tamanho de nozes. Aqueça o óleo e frite os frangos até dourar. Escorra em papel toalha.

Enquanto isso, aqueça delicadamente a calda de lichia com o caldo e o molho de soja reservado. Misture o restante do fubá com um pouco de água, misture na panela e cozinhe, mexendo, até o molho clarear e engrossar. Misture as lichias e cozinhe lentamente para aquecer. Coloque o frango em um prato quente, regue com a lichia e o molho e sirva imediatamente.

Frango com Mangetout

Ofertas 4

225g de frango em fatias finas

5 ml/1 colher de chá de farinha de milho (amido de milho)

5 ml/1 colher de chá de vinho de arroz ou xerez seco

5 ml/1 colher de chá de óleo de gergelim

1 clara de ovo levemente batida
45 ml/3 colheres de sopa de óleo de amendoim
1 dente de alho esmagado
1 fatia de raiz de gengibre, moída
100 g de mangetout (ervilhas)
120 ml/4 fl oz/½ xícara de caldo de galinha
sal e pimenta moída na hora

Misture o frango com fubá, vinho ou xerez, óleo de gergelim e clara de ovo. Aqueça metade do azeite e frite o alho e o gengibre até dourar levemente. Adicione o frango e frite até dourar, depois retire da frigideira. Aqueça o óleo restante e frite a mangetout por 2 minutos. Adicione o caldo, deixe ferver, tampe e cozinhe por 2 minutos. Volte o frango para a panela e tempere com sal e pimenta. Cozinhe suavemente até aquecer completamente.

Frango com Manga

Ofertas 4

100 g/4 onças/1 xícara de farinha simples (multiuso)
250 ml/8 fl oz/1 xícara de água
2,5 ml/½ colher de chá de sal
uma pitada de fermento em pó
3 peitos de frango
óleo para fritar

1 fatia de raiz de gengibre, moída

150 ml / ¼ pt / generoso ½ xícara de caldo de galinha

45 ml/3 colheres de sopa de vinagre de vinho

45 ml/3 colheres de sopa de vinho de arroz ou xerez seco

20 ml/4 colheres de chá de molho de soja

10 ml/2 colheres de chá de açúcar

10 ml/2 colheres de chá de farinha de milho (amido de milho)

5 ml/1 colher de chá de óleo de gergelim

5 cebolinhas (cebolas), fatiadas

400g de manga enlatada, escorrida e cortada em tiras

Misture a farinha, a água, o sal e o fermento. Deixe descansar por 15 minutos. Retire e descarte a pele e os ossos do frango. Corte o frango em tiras finas. Misture-os na mistura de farinha. Aqueça o óleo e frite o frango por cerca de 5 minutos até dourar. Retire da panela e escorra em papel toalha. Remova tudo da wok, exceto 15 ml/1 colher de sopa de óleo, e frite levemente o gengibre até dourar. Misture o caldo com vinagre de vinho, vinho ou xerez, molho de soja, açúcar, fubá e óleo de gergelim. Adicione à panela e aqueça até ferver, mexendo. Adicione as cebolinhas e refogue por 3 minutos. Adicione o frango e as mangas e cozinhe por 2 minutos, mexendo.

Melão recheado com frango

Ofertas 4

350g/12 onças de frango
6 castanhas d'água
2 vieiras descascadas
4 fatias de raiz de gengibre
5 ml/1 colher de chá de sal
15 ml/1 colher de sopa de molho de soja
600 ml/1 pt/2½ xícaras de caldo de galinha
8 melões pequenos ou 4 médios

Pique finamente o frango, as castanhas, as vieiras e o gengibre e misture com sal, molho de soja e caldo. Corte as pontas dos melões e retire as sementes. Vi as bordas superiores. Encha os melões com a mistura de frango e coloque na grelha do vaporizador. Cozinhe em água fervente por 40 minutos até que o frango esteja cozido.

Frite o frango e os cogumelos

Ofertas 4

45 ml/3 colheres de sopa de óleo de amendoim
1 dente de alho esmagado
1 cebolinha (cebola) picada

1 fatia de raiz de gengibre, moída
225g de peito de frango cortado em tiras
225g/8 onças de champignon
45 ml/3 colheres de sopa de molho de soja
15 ml/1 colher de sopa de vinho de arroz ou xerez seco
5 ml/1 colher de chá de farinha de milho (amido de milho)

Aqueça o azeite e frite o alho, a cebolinha e o gengibre até dourar levemente. Adicione o frango e frite por 5 minutos. Adicione os cogumelos e frite por 3 minutos. Adicione o molho de soja, o vinho ou xerez e o fubá e frite por cerca de 5 minutos até que o frango esteja cozido.

Frango com cogumelos e nozes

Ofertas 4

30 ml/2 colheres de sopa de óleo de amendoim
2 dentes de alho esmagados
1 fatia de raiz de gengibre, moída
450g/1lb de frango desossado, cortado em cubos

225g/8 onças de champignon

100g/4oz de brotos de bambu cortados em tiras

1 pimentão verde picado

1 pimentão vermelho picado

250 ml/8 fl oz/1 xícara de caldo de galinha

30 ml/2 colheres de sopa de vinho de arroz ou xerez seco

15 ml/1 colher de sopa de molho de soja

15 ml/1 colher de sopa de molho tabasco

30 ml/2 colheres de sopa de farinha de milho (amido de milho)

30 ml/2 colheres de sopa de água

Aqueça o azeite, o alho e o gengibre até que o alho fique levemente dourado. Adicione o frango e frite até dourar. Adicione os cogumelos, os brotos de bambu e os pimentões e frite por 3 minutos. Adicione o caldo, o vinho ou xerez, o molho de soja e o molho tabasco e leve ao fogo até ferver, mexendo. Tampe e cozinhe por cerca de 10 minutos até que o frango esteja totalmente cozido. Misture o fubá e a água e misture ao molho. Deixe ferver, mexendo, até o molho ficar claro e engrossar. Adicione um pouco de caldo ou água se o molho estiver muito grosso.

Frango frito com cogumelos

Ofertas 4

6 cogumelos chineses secos
1 peito de frango em fatias finas
1 fatia de raiz de gengibre, moída
2 cebolinhas (cebolas) picadas
15 ml/1 colher de sopa de farinha de milho (amido de milho)

15 ml/1 colher de sopa de vinho de arroz ou xerez seco
30 ml/2 colheres de sopa de água
2,5 ml/½ colher de chá de sal
45 ml/3 colheres de sopa de óleo de amendoim
225g/8oz de cogumelos, fatiados
100g/4 onças de broto de feijão
15 ml/1 colher de sopa de molho de soja
5 ml/1 colher de chá de açúcar
120 ml/4 fl oz/½ xícara de caldo de galinha

Mergulhe os cogumelos em água morna por 30 minutos e escorra. Descarte os caules e corte as tampas. Coloque o frango em uma tigela. Misture o gengibre, a cebolinha, o fubá, o vinho ou xerez, a água e o sal, misture o frango e deixe descansar por 1 hora. Aqueça metade do óleo e frite o frango até dourar levemente, depois retire da frigideira. Aqueça o restante azeite e frite os cogumelos secos e frescos e os rebentos de feijão durante 3 minutos. Adicione o molho de soja, o açúcar e o caldo, deixe ferver, tampe e cozinhe por 4 minutos até que os vegetais estejam macios. Volte o frango para a panela, misture bem e aqueça delicadamente antes de servir.

Frango cozido no vapor com cogumelos

Ofertas 4

4 pedaços de frango
30 ml/2 colheres de sopa de farinha de milho (amido de milho)
30 ml/2 colheres de sopa de molho de soja
3 cebolinhas (cebolas), picadas
2 fatias de gengibre picado
2,5 ml/½ colher de chá de sal
100g/4 onças de cogumelos, fatiados

Corte os pedaços de frango em pedaços de 5 cm/2 e coloque-os num refratário. Misture o fubá e o molho de soja até formar uma pasta, junte a cebolinha, o gengibre e o sal e misture bem com o frango. Misture delicadamente os cogumelos. Coloque a tigela no vaporizador na grelha, tampe e cozinhe em água fervente por cerca de 35 minutos até que o frango esteja cozido.

Frango com cebola

Ofertas 4

60 ml/4 colheres de sopa de óleo de amendoim
2 cebolas picadas
450g/1lb de frango fatiado
30 ml/2 colheres de sopa de vinho de arroz ou xerez seco

250 ml/8 fl oz/1 xícara de caldo de galinha
45 ml/3 colheres de sopa de molho de soja
30 ml/2 colheres de sopa de farinha de milho (amido de milho)
45 ml/3 colheres de sopa de água

Aqueça o azeite e frite a cebola até dourar levemente. Adicione o frango e frite até dourar levemente. Adicione o vinho ou xerez, o caldo e o molho de soja, deixe ferver, tampe e cozinhe por 25 minutos até que o frango esteja cozido. Misture o fubá e a água até formar uma pasta, coloque na panela e cozinhe, mexendo, até o molho clarear e engrossar.

Frango com laranja e limão

Ofertas 4

350g/1lb de frango cortado em tiras
30 ml/2 colheres de sopa de óleo de amendoim
2 dentes de alho esmagados
2 fatias de raiz de gengibre picada
Casca ralada de ½ laranja

Casca ralada de ½ limão

45 ml/3 colheres de sopa de suco de laranja

45 ml/3 colheres de sopa de suco de limão

15 ml/1 colher de sopa de molho de soja

3 cebolinhas (cebolas), picadas

15 ml/1 colher de sopa de farinha de milho (amido de milho)

45 ml / 1 colher de sopa de água

Cozinhe o frango em água fervente por 30 segundos e escorra. Aqueça o azeite e frite o alho e o gengibre por 30 segundos. Adicione a casca e o suco de laranja e limão, o molho de soja e a cebolinha e frite por 2 minutos. Adicione o frango e cozinhe por alguns minutos até que o frango esteja cozido. Misture o fubá e a água até formar uma pasta, misture na panela e cozinhe, mexendo, até o molho engrossar.

Frango com molho de ostra

Ofertas 4

30 ml/2 colheres de sopa de óleo de amendoim

1 dente de alho esmagado

1 fatia de gengibre picado

450g/1lb de frango fatiado

250 ml/8 fl oz/1 xícara de caldo de galinha

30 ml/2 colheres de sopa de molho de ostra

15 ml/1 colher de sopa de vinho de arroz ou xerez
5 ml/1 colher de chá de açúcar

Aqueça o óleo com o alho e o gengibre e frite levemente até dourar. Adicione o frango e cozinhe por cerca de 3 minutos até dourar levemente. Adicione o caldo, o molho de ostra, o vinho ou xerez e o açúcar, deixe ferver mexendo sempre, tampe e cozinhe por cerca de 15 minutos, mexendo de vez em quando, até que o frango esteja cozido. Retire a tampa e continue cozinhando, mexendo, por cerca de 4 minutos, até o molho evaporar e engrossar.

Pacotes de frango

Ofertas 4

225 g/8 onças de frango
30 ml/2 colheres de sopa de vinho de arroz ou xerez seco
30 ml/2 colheres de sopa de molho de soja
papel manteiga ou papel manteiga
30 ml/2 colheres de sopa de óleo de amendoim

óleo para fritar

Corte o frango em cubos de 5 cm/2. Misture o vinho ou xerez e o molho de soja, regue com o frango e misture bem. Cubra e deixe descansar por 1 hora, mexendo ocasionalmente. Corte o papel em quadrados de 10 cm/4 e pincele com óleo. Escorra bem o frango. Coloque um pedaço de papel na superfície de trabalho com um canto voltado para você. Coloque um pedaço de frango no quadrado logo abaixo do centro, dobre o canto inferior para cima e dobre novamente para cobrir o frango. Dobre as laterais e, em seguida, dobre o canto superior para baixo para proteger o pacote. Aqueça o óleo e frite os pedaços de frango por cerca de 5 minutos até ficarem cozidos. Sirva quente em pacotes para os convidados abrirem.

Frango com nozes

Ofertas 4

225g de frango em fatias finas
1 clara de ovo levemente batida
10 ml/2 colheres de chá de farinha de milho (amido de milho)
45 ml/3 colheres de sopa de óleo de amendoim
1 dente de alho esmagado

1 fatia de raiz de gengibre, moída
2 alhos-porós picados
30 ml/2 colheres de sopa de molho de soja
15 ml/1 colher de sopa de vinho de arroz ou xerez seco
100g/4 onças de amendoim torrado

Misture o frango com a clara de ovo e o fubá até ficar bem revestido. Aqueça metade do azeite e frite o frango até dourar, depois retire da frigideira. Aqueça o restante do azeite e frite o alho e o gengibre até ficarem macios. Adicione o alho-poró e frite até dourar levemente. Junte o molho de soja e o vinho ou xerez e cozinhe por 3 minutos. Retorne o frango para a panela com o amendoim e cozinhe até aquecer bem.

Frango com manteiga de amendoim

Ofertas 4

4 peitos de frango em cubos
sal e pimenta moída na hora
5 ml/1 colher de chá de cinco especiarias em pó
45 ml/3 colheres de sopa de óleo de amendoim
1 cebola picada
2 cenouras em cubos

1 talo de aipo picado

300 ml/½ pt/1¼ xícara de caldo de galinha

10 ml/2 colher de chá de purê de tomate (pasta)

100 g/4 onças de manteiga de amendoim

15 ml/1 colher de sopa de molho de soja

10 ml/2 colheres de chá de farinha de milho (amido de milho)

uma pitada de açúcar mascavo

15 ml/1 colher de sopa de cebolinha picada

Tempere o frango com sal, pimenta e cinco especiarias em pó. Aqueça o óleo e frite o frango até ficar cozido. Retire da panela. Adicione os legumes e frite até ficar cozido, mas ainda crocante. Misture o caldo com o restante dos ingredientes, exceto a cebolinha, misture em uma panela e leve para ferver. Volte o frango para a panela e reaqueça, mexendo. Sirva polvilhado com açúcar.

Frango com Ervilhas

Ofertas 4

60 ml/4 colheres de sopa de óleo de amendoim

1 cebola picada

450g/1lb de frango em cubos

sal e pimenta moída na hora

100 g/4 onças de ervilhas

2 talos de aipo picados
100g/4 onças de cogumelos picados
250 ml/8 fl oz/1 xícara de caldo de galinha
15 ml/1 colher de sopa de farinha de milho (amido de milho)
15 ml/1 colher de sopa de molho de soja
60 ml/4 colheres de sopa de água

Aqueça o azeite e frite a cebola até dourar. Adicione o frango e frite até ficar colorido. Tempere com sal e pimenta e junte as ervilhas, o aipo e os cogumelos e misture bem. Adicione o caldo, deixe ferver, tampe e cozinhe por 15 minutos. Misture o fubá, o molho de soja e a água até formar uma pasta, misture na panela e cozinhe, mexendo, até o molho ficar claro e engrossar.

Frango à Pequim

Ofertas 4

4 pedaços de frango
sal e pimenta moída na hora
5 ml/1 colher de chá de açúcar
1 cebolinha (cebola) picada
1 fatia de raiz de gengibre, moída
15 ml/1 colher de sopa de molho de soja

15 ml/1 colher de sopa de vinho de arroz ou xerez seco
15 ml/1 colher de sopa de farinha de milho (amido de milho)
óleo para fritar

Coloque os pedaços de frango em uma tigela rasa e polvilhe com sal e pimenta. Misture o açúcar, a cebolinha, o gengibre, o molho de soja e o vinho ou xerez, passe no frango, tampe e deixe marinar por 3 horas. Escorra o frango e polvilhe com fubá. Aqueça o óleo e frite o frango até dourar e ficar cozido. Escorra bem antes de servir.

Frango com páprica

Ofertas 4

60 ml/4 colheres de sopa de molho de soja
45 ml/3 colheres de sopa de vinho de arroz ou xerez seco
45 ml/3 colheres de sopa de farinha de milho (amido de milho)
450g/1lb de frango moído (picado)
60 ml/4 colheres de sopa de óleo de amendoim
2,5 ml/½ colher de chá de sal
2 dentes de alho esmagados
2 pimentões vermelhos em cubos

1 pimentão verde picado
5 ml/1 colher de chá de açúcar
300 ml/½ pt/1 ¼ xícara de caldo de galinha

Misture metade do molho de soja, metade do vinho ou xerez e metade do fubá. Despeje sobre o frango, misture bem e deixe marinar por pelo menos uma hora. Aqueça metade do azeite com sal e alho até que o alho fique dourado claro. Adicione o frango e a marinada e frite por cerca de 4 minutos até que o frango fique branco e retire da frigideira. Adicione o restante do azeite na frigideira e frite o colorau por 2 minutos. Adicione o açúcar à panela com o restante molho de soja, vinho ou xerez e fubá e misture bem. Adicione o caldo, deixe ferver e cozinhe, mexendo até o molho engrossar. Retorne o frango à panela, tampe e cozinhe por 4 minutos até que o frango esteja cozido.

Frango frito com páprica

Ofertas 4

1 peito de frango em fatias finas
2 fatias de raiz de gengibre picada
2 cebolinhas (cebolas) picadas
15 ml/1 colher de sopa de farinha de milho (amido de milho)
30 ml/2 colheres de sopa de vinho de arroz ou xerez seco
30 ml/2 colheres de sopa de água
2,5 ml/½ colher de chá de sal
45 ml/3 colheres de sopa de óleo de amendoim
100 g / 4 onças de castanhas-d'água, fatiadas

1 pimentão vermelho cortado em tiras
1 pimentão verde cortado em tiras
1 pimentão amarelo cortado em tiras
30 ml/2 colheres de sopa de molho de soja
120 ml/4 fl oz/½ xícara de caldo de galinha

Coloque o frango em uma tigela. Misture o gengibre, a cebolinha, o fubá, o vinho ou xerez, a água e o sal, misture o frango e deixe descansar por 1 hora. Aqueça metade do óleo e frite o frango até dourar levemente, depois retire da frigideira. Aqueça o restante azeite e frite as castanhas-d'água e o colorau por 2 minutos. Adicione o molho de soja e o caldo, deixe ferver, tampe e cozinhe por 5 minutos até que os vegetais estejam macios. Volte o frango para a panela, misture bem e aqueça delicadamente antes de servir.

Frango e abacaxi

Ofertas 4

30 ml/2 colheres de sopa de óleo de amendoim

5 ml/1 colher de chá de sal

2 dentes de alho esmagados

450g/1lb de frango desossado, em fatias finas

2 cebolas fatiadas

100 g / 4 onças de castanhas-d'água, fatiadas

100 g/4 onças de pedaços de abacaxi

30 ml/2 colheres de sopa de vinho de arroz ou xerez seco

450 ml/¾ pt/2 xícaras de caldo de galinha

5 ml/1 colher de chá de açúcar
pimenta moída na hora
30 ml/2 colheres de sopa de suco de abacaxi
30 ml/2 colheres de sopa de molho de soja
30 ml/2 colheres de sopa de farinha de milho (amido de milho)

Aqueça o azeite, o sal e o alho até que o alho fique levemente dourado. Adicione o frango e frite por 2 minutos. Adicione a cebola, as castanhas-d'água e o abacaxi e frite por 2 minutos. Adicione o vinho ou xerez, o caldo e o açúcar e tempere com pimenta. Deixe ferver, tampe e cozinhe por 5 minutos. Misture o suco de abacaxi, o molho de soja e a farinha de milho. Misture na panela e cozinhe lentamente, mexendo, até o molho engrossar e ficar claro.

Frango com abacaxi e lichia

Ofertas 4

30 ml/2 colheres de sopa de óleo de amendoim
225g de frango em fatias finas
1 fatia de raiz de gengibre, moída
15 ml/1 colher de sopa de molho de soja
15 ml/1 colher de sopa de vinho de arroz ou xerez seco
200g/7oz de abacaxi enlatado em calda
200g/7oz de lichias em conserva em calda

15 ml/1 colher de sopa de farinha de milho (amido de milho)

Aqueça o óleo e frite o frango até ficar claro. Adicione o molho de soja e o vinho ou xerez e misture bem. Meça 250 ml/8 fl oz/1 xícara de xarope misto de abacaxi e lichia, reservando 30 ml/2 colheres de sopa. Adicione o restante à panela, deixe ferver e cozinhe por alguns minutos até que o frango esteja cozido. Adicione os pedaços de abacaxi e as lichias. Misture o fubá com a calda reservada, misture na panela e cozinhe, mexendo, até o molho clarear e engrossar.

Frango com carne de porco

Ofertas 4

1 peito de frango em fatias finas
100g/4 onças de carne de porco magra, em fatias finas
60 ml/4 colheres de sopa de molho de soja
15 ml/1 colher de sopa de farinha de milho (amido de milho)
1 clara de ovo
45 ml/3 colheres de sopa de óleo de amendoim
3 fatias de raiz de gengibre picadas
50g/2oz de brotos de bambu, fatiados
225g/8oz de cogumelos, fatiados
225g/8oz de folhas chinesas, desfiadas
120 ml/4 fl oz/½ xícara de caldo de galinha

30 ml/2 colheres de sopa de água

Misture o frango e a carne de porco. Misture o molho de soja, 5ml/1 colher de chá de fubá e clara de ovo e misture ao frango e à carne de porco. Deixe descansar por 30 minutos. Aqueça metade do azeite e frite o frango e a carne de porco até dourar levemente e retire da frigideira. Aqueça o restante do azeite e frite o gengibre, os brotos de bambu, os cogumelos e as folhas chinesas até ficarem bem revestidos no azeite. Adicione o caldo e deixe ferver. Despeje a mistura de frango de volta na panela, tampe e cozinhe por cerca de 3 minutos até que as carnes estejam cozidas. Misture o restante do fubá até formar uma pasta com água, misture ao molho e cozinhe, mexendo, até engrossar o molho. Sirva imediatamente.

Frango Estufado com Batata

Ofertas 4

4 pedaços de frango
45 ml/3 colheres de sopa de óleo de amendoim
1 cebola fatiada
1 dente de alho esmagado
2 fatias de raiz de gengibre picada
450 ml/¾ pt/2 xícaras de água
45 ml/3 colheres de sopa de molho de soja

15 ml/1 colher de sopa de açúcar mascavo
2 batatas em cubos

Corte o frango em pedaços de 5 cm/2. Aqueça o azeite e frite a cebola, o alho e o gengibre até dourar levemente. Adicione o frango e frite até dourar levemente. Adicione a água e o molho de soja e aqueça até ferver. Misture o açúcar, tampe e cozinhe por cerca de 30 minutos. Adicione as batatas à panela, tampe e cozinhe por mais 10 minutos até que o frango esteja cozido e as batatas cozidas.

Frango cinco especiarias com batatas

Ofertas 4

45 ml/3 colheres de sopa de óleo de amendoim
450g/1lb de frango cortado em pedaços
sal
45 ml/3 colheres de sopa de pasta de feijão amarelo
45 ml/3 colheres de sopa de molho de soja
5 ml/1 colher de chá de açúcar
5 ml/1 colher de chá de cinco especiarias em pó
1 batata em cubos
450 ml/¾ pt/2 xícaras de caldo de galinha

Aqueça o óleo e frite o frango até dourar levemente. Polvilhe sal por cima e misture a pasta de feijão, o molho de soja, o açúcar e o pó de cinco especiarias e frite por 1 minuto. Adicione a batata e misture bem, depois acrescente o caldo, deixe ferver, tampe e cozinhe por cerca de 30 minutos até ficar macio.

Frango cozido vermelho

Ofertas 4

450g/1lb de frango fatiado
120 ml/4 fl oz/½ xícara de molho de soja
15 ml/1 colher de sopa de açúcar
2 fatias de raiz de gengibre picada
90 ml/6 colheres de sopa de caldo de galinha
30 ml/2 colheres de sopa de vinho de arroz ou xerez seco
4 cebolinhas (cebolinha), fatiadas

Coloque todos os ingredientes em uma panela e leve ao fogo até ferver. Tampe e cozinhe por cerca de 15 minutos até que o frango esteja cozido. Retire a tampa e continue cozinhando por cerca de

5 minutos, mexendo de vez em quando, até o molho engrossar. Sirva polvilhado com cebolinhas.

Rissóis de Frango

Ofertas 4

225g/8oz de frango moído (picado)
3 castanhas d'água moídas
1 cebolinha (cebola) picada
1 fatia de raiz de gengibre, moída
2 claras de ovo
5 ml/2 colheres de chá de sal
5 ml/1 colher de chá de pimenta moída na hora
120 ml/4 fl oz/½ xícara de óleo de amendoim
5 ml/1 colher de chá de presunto picado

Misture o frango, as castanhas, metade da cebolinha, o gengibre, as claras, o sal e a pimenta. Forme pequenas bolas e pressione-as.

Aqueça o azeite e frite o rissolini até dourar, virando uma vez. Sirva polvilhado com o restante da cebolinha e do presunto.

Frango salgado

Ofertas 4

30 ml/2 colheres de sopa de óleo de amendoim
4 pedaços de frango
3 cebolinhas (cebolas), picadas
2 dentes de alho esmagados
1 fatia de raiz de gengibre picada
120 ml/4 fl oz/½ xícara de molho de soja
30 ml/2 colheres de sopa de vinho de arroz ou xerez seco
30 ml/2 colheres de sopa de açúcar mascavo
5 ml/1 colher de chá de sal
375 ml/13 fl oz/1 ½ xícara de água
15 ml/1 colher de sopa de farinha de milho (amido de milho)

Aqueça o óleo e frite os pedaços de frango até dourar. Adicione a cebolinha, o alho e o gengibre e frite por 2 minutos. Adicione o molho de soja, o vinho ou xerez, o açúcar e o sal e misture bem. Adicione água e deixe ferver, tampe e cozinhe por 40 minutos. Misture um pouco de água ao fubá, misture ao molho e cozinhe, mexendo, até o molho clarear e engrossar.

Frango em óleo de gergelim

Ofertas 4

90 ml/6 colheres de sopa de óleo de amendoim
60 ml/4 colheres de sopa de óleo de gergelim
5 fatias de raiz de gengibre
4 pedaços de frango
600 ml/1 pt/2½ xícaras de vinho de arroz ou xerez seco
5 ml/1 colher de chá de açúcar
sal e pimenta moída na hora

Aqueça os óleos e frite o gengibre e o frango até dourar levemente. Adicione vinho ou xerez e tempere com açúcar, sal e pimenta. Deixe ferver e cozinhe lentamente com a tampa tampada até que o frango esteja cozido e o molho tenha evaporado. Sirva em tigelas.

Frango com xerez

Ofertas 4

30 ml/2 colheres de sopa de óleo de amendoim
4 pedaços de frango
120 ml/4 fl oz/½ xícara de molho de soja
500 ml/17 fl oz/2¼ xícaras de vinho de arroz ou xerez seco
30 ml/2 colheres de sopa de açúcar
5 ml/1 colher de chá de sal
2 dentes de alho esmagados
1 fatia de raiz de gengibre picada

Aqueça o azeite e frite o frango por todos os lados até dourar. Escorra o excesso de óleo e adicione todos os outros ingredientes. Deixe ferver, tampe e cozinhe em fogo alto por 25 minutos. Reduza o fogo e cozinhe por mais 15 minutos, até que o frango esteja cozido e o molho tenha evaporado.

Frango com molho de soja

Ofertas 4

350g/12 onças de frango em cubos
2 cebolinhas (cebolas), picadas
3 fatias de raiz de gengibre, moída
15 ml/1 colher de sopa de farinha de milho (amido de milho)
30 ml/2 colheres de sopa de vinho de arroz ou xerez seco
30 ml/2 colheres de sopa de água
45 ml/3 colheres de sopa de óleo de amendoim
60 ml/4 colheres de sopa de molho de soja espesso
5 ml/1 colher de chá de açúcar

Misture o frango, a cebolinha, o gengibre, o fubá, o vinho ou o xerez e a água e deixe descansar por 30 minutos, mexendo de vez em quando. Aqueça o óleo e frite o frango por cerca de 3 minutos até dourar. Adicione o molho de soja e o açúcar e frite por cerca de 1 minuto, até que o frango esteja cozido e macio.

Frango frito picante

Ofertas 4

150 ml / ¼ pt / generoso ½ xícara de molho de soja

2 dentes de alho esmagados

50 g/2 onças/¼ xícara de açúcar mascavo

1 cebola picada

30 ml/2 colheres de sopa de purê de tomate (pasta)

1 fatia de limão picada

1 fatia de raiz de gengibre, moída

45 ml/3 colheres de sopa de vinho de arroz ou xerez seco

4 pedaços grandes de frango

Misture todos os ingredientes, exceto o frango. Coloque o frango em um refratário, despeje a mistura por cima, tampe e deixe marinar durante a noite, regando de vez em quando. Asse o frango em forno pré-aquecido a 180°C/350°F/gás marca 4 por 40 minutos, virando e regando ocasionalmente. Retire a tampa, aumente a temperatura do forno para 200°C/400°F/gás marca 6 e continue a cozinhar por mais 15 minutos até que o frango esteja cozido.

Frango com espinafre

Ofertas 4

100 g/4 onças de frango moído
15 ml/1 colher de sopa de gordura de presunto moída
175 ml/6 fl oz/¾ xícara de caldo de galinha
3 claras de ovo levemente batidas
sal
5 ml/1 colher de chá de água
450g/1lb de espinafre picado
5 ml/1 colher de chá de farinha de milho (amido de milho)
45 ml/3 colheres de sopa de óleo de amendoim

Misture o frango, a gordura do presunto, 150 ml/¼ pt/rico ½ xícara de caldo de galinha, as claras, 5 ml/1 colher de chá de sal e água. Misture o espinafre com o caldo restante, uma pitada de sal e o fubá misturado com um pouco de água. Aqueça metade do azeite, coloque a mistura de espinafre na panela e mexa sempre em fogo baixo até aquecer. Transfira para um prato quente e mantenha aquecido. Aqueça o restante do óleo e frite colheradas da mistura de frango até ficar congelada e branca. Disponha por cima do espinafre e sirva imediatamente.

Rolinhos primavera de frango

Ofertas 4

15 ml/1 colher de sopa de óleo de amendoim
uma pitada de sal
1 dente de alho esmagado
225g de frango cortado em tiras
100g/4 onças de cogumelos, fatiados
175g/6oz de repolho picado
100 g/4 onças de brotos de bambu, ralados
50 g/2 onças de castanhas-d'água picadas
100g/4 onças de broto de feijão
5 ml/1 colher de chá de açúcar
5 ml/1 colher de chá de vinho de arroz ou xerez seco
5 ml/1 colher de chá de molho de soja
8 cascas de rolinho primavera
óleo para fritar

Aqueça o azeite, o sal e o alho e frite delicadamente até o alho começar a dourar. Adicione o frango e os cogumelos e frite por alguns minutos até o frango ficar branco. Adicione o repolho, o broto de bambu, a castanha-d'água e o broto de feijão e frite por 3 minutos. Adicione o açúcar, o vinho ou xerez e o molho de soja, misture bem, tampe e frite nos últimos 2 minutos. Desparafuse a peneira e deixe escorrer.

Coloque algumas colheradas da mistura de recheio no centro de cada casca de rolinho primavera, dobre de baixo para cima, dobre as laterais e enrole, cobrindo o recheio. Sele a borda com uma pequena mistura de farinha e água e deixe secar por 30 minutos. Aqueça o óleo e frite os rolinhos primavera por cerca de 10 minutos até ficarem crocantes e dourados. Escorra bem antes de servir.

Carne de porco assada picante

Ofertas 4

450g/1lb de carne de porco em cubos

sal e pimenta

30 ml/2 colheres de sopa de molho de soja

30 ml/2 colheres de sopa de molho hoisin

45 ml/3 colheres de sopa de óleo de amendoim

120 ml/4 fl oz/½ xícara de vinho de arroz ou xerez seco

300 ml/½ pt/1¼ xícara de caldo de galinha

5 ml/1 colher de chá de cinco especiarias em pó

6 cebolinhas (cebolinha), picadas

225g/8oz de cogumelos ostra, fatiados

15 ml/1 colher de sopa de farinha de milho (amido de milho)

Tempere a carne com sal e pimenta. Coloque em uma tigela e misture o molho de soja e o molho hoisin. Cubra e deixe marinar por 1 hora. Aqueça o azeite e frite a carne até dourar. Adicione o vinho ou xerez, o caldo e o pó de cinco especiarias, deixe ferver, tampe e cozinhe por 1 hora. Adicione as cebolinhas e os cogumelos, retire a tampa e cozinhe por mais 4 minutos. Misture o fubá com um pouco de água, leve ao fogo até ferver e cozinhe, mexendo, por 3 minutos até o molho engrossar.

Pãezinhos de porco cozido no vapor

Faz 12

30 ml/2 colheres de sopa de molho hoisin
15 ml/1 colher de sopa de molho de ostra
15 ml/1 colher de sopa de molho de soja
2,5 ml/½ colher de chá de óleo de gergelim
30 ml/2 colheres de sopa de óleo de amendoim
10 ml/2 colher de chá de raiz de gengibre ralada
1 dente de alho esmagado
300 ml/½ pt/1¼ xícara de água
15 ml/1 colher de sopa de farinha de milho (amido de milho)
225g/8oz de carne de porco cozida, picada
4 cebolinhas (cebolas), picadas
350 g/12 onças/3 xícaras de farinha simples (multiuso)
15 ml/1 colher de sopa de fermento em pó
2,5 ml/½ colher de chá de sal
50 g/2 onças/½ xícara de banha
5 ml/1 colher de chá de vinagre de vinho
12 x 13 cm/5 em quadrados de papel vegetal

Misture hoisin, molho de ostra e soja e óleo de gergelim. Aqueça o azeite e frite o gengibre e o alho até dourar levemente. Adicione o molho e frite por 2 minutos. Misture 120 ml/4 fl oz/½ xícara de água com o fubá e misture na panela. Deixe ferver, mexendo e cozinhe até a mistura engrossar. Misture a carne de porco e a cebola e deixe esfriar.

Misture a farinha, o fermento e o sal. Sove a banha até que a mistura fique parecida com uma farinha de rosca fina. Misture o vinagre de vinho e o restante da água e depois misture com a farinha até formar uma massa firme. Sove sobre uma superfície levemente enfarinhada, cubra e deixe descansar por 20 minutos.

Sove a massa novamente e divida-a em 12 partes e forme uma bola com cada uma. Abra sobre uma superfície enfarinhada em círculos de 15 cm/6. Coloque colheradas de recheio no centro de cada círculo, pincele as bordas com água e pressione as bordas para selar o recheio. Unte um lado de cada quadrado de papel vegetal com óleo. Coloque cada rolo em cima do quadrado, com a costura voltada para baixo. Coloque os pães em uma única camada sobre uma grelha fumegante sobre água fervente. Cubra os pães e cozinhe no vapor por cerca de 20 minutos até que estejam cozidos.

Carne De Porco Com Repolho

Ofertas 4

6 cogumelos chineses secos
30 ml/2 colheres de sopa de óleo de amendoim
450g/1lb de carne de porco cortada em tiras
2 cebolas fatiadas
2 pimentões vermelhos cortados em tiras
350g/12 onças de repolho branco ralado
2 dentes de alho picados
2 talos de gengibre picados
30 ml/2 colheres de sopa de mel
45 ml/3 colheres de sopa de molho de soja
120 ml/4 fl oz/½ xícara de vinho branco seco
sal e pimenta
10 ml/2 colheres de chá de farinha de milho (amido de milho)
15 ml/1 colher de sopa de água

Mergulhe os cogumelos em água morna por 30 minutos e escorra. Descarte os caules e corte as tampas. Aqueça o azeite e frite a carne de porco até dourar levemente. Adicione os legumes, o alho e o gengibre e frite por 1 minuto. Adicione o mel, o molho de soja e o vinho, deixe ferver, tampe e cozinhe por 40 minutos até a carne ficar macia. Tempere com sal e pimenta. Misture o fubá e a água e misture na panela. Deixe ferver, mexendo sempre e cozinhe por 1 minuto.

Carne De Porco Com Repolho E Tomate

Ofertas 4

30 ml/2 colheres de sopa de óleo de amendoim

450g/1lb de carne de porco magra, cortada em tiras

sal e pimenta moída na hora

1 dente de alho esmagado

1 cebola picada

½ repolho picado

450g/1lb de tomates, descascados e cortados em quartos

250 ml/8 fl oz/1 xícara

30 ml/2 colheres de sopa de farinha de milho (amido de milho)

15 ml/1 colher de sopa de molho de soja

60 ml/4 colheres de sopa de água

Aqueça o azeite e frite a carne de porco, o sal, a pimenta, o alho e a cebola até dourar levemente. Adicione o repolho, o tomate e o caldo, deixe ferver, tampe e cozinhe por 10 minutos até que o repolho esteja macio. Misture o fubá, o molho de soja e a água até formar uma pasta, misture na panela e cozinhe, mexendo, até o molho ficar claro e engrossar.

Carne de porco marinada com repolho

Ofertas 4

350g/12 onças de carne de porco

2 cebolinhas (cebolas), picadas

1 fatia de raiz de gengibre, moída

1 pau de canela

3 dentes de anis estrelado

45 ml/3 colheres de sopa de açúcar mascavo

600 ml/1 pt/2½ xícaras de água

15 ml/1 colher de sopa de óleo de amendoim

15 ml/1 colher de sopa de molho de soja

5 ml/1 colher de chá de purê de tomate (pasta)

5 ml/1 colher de chá de molho de ostra

100g/4oz de corações de repolho chinês

100g/4 onças de Pak Choi

Corte a carne de porco em pedaços de 10 cm/4 e coloque numa tigela. Adicione a cebolinha, o gengibre, a canela, o anis estrelado, o açúcar e a água e deixe descansar por 40 minutos. Aqueça o azeite, retire a carne de porco da marinada e coloque na frigideira. Frite levemente até dourar e depois adicione o molho de soja, o purê de tomate e o molho de ostra. Deixe ferver e cozinhe por cerca de 30 minutos até que a carne de porco esteja macia e o líquido tenha reduzido, acrescentando um pouco de água conforme necessário durante o cozimento.

Enquanto isso, cozinhe os corações de repolho e o pak choi em água fervente por cerca de 10 minutos até ficarem cozidos. Coloque-os num prato aquecido, polvilhe com a carne de porco e regue com o molho.

Carne De Porco Com Aipo

Ofertas 4

45 ml/3 colheres de sopa de óleo de amendoim
1 dente de alho esmagado
1 cebolinha (cebola) picada
1 fatia de raiz de gengibre, moída
225 g/8 onças de carne de porco magra, cortada em tiras
100g/4 onças de aipo em fatias finas
45 ml/3 colheres de sopa de molho de soja
15 ml/1 colher de sopa de vinho de arroz ou xerez seco
5 ml/1 colher de chá de farinha de milho (amido de milho)

Aqueça o azeite e frite o alho, a cebolinha e o gengibre até dourar levemente. Adicione a carne de porco e frite por 10 minutos até dourar. Adicione o aipo e frite por 3 minutos. Adicione o restante dos ingredientes e frite por 3 minutos.

Carne de porco com castanhas e cogumelos

Ofertas 4

4 cogumelos chineses secos
100 g/4 onças/1 xícara de castanhas
30 ml/2 colheres de sopa de óleo de amendoim
2,5 ml/½ colher de chá de sal
450g/1lb de carne de porco magra, cortada em cubos
15 ml/1 colher de sopa de molho de soja
375 ml/13 fl oz/1 ½ xícara de caldo de galinha
100 g / 4 onças de castanhas-d'água, fatiadas

Mergulhe os cogumelos em água morna por 30 minutos e escorra. Descarte os caules e corte as tampas pela metade. Ferva as castanhas em água fervente por um minuto e escorra. Aqueça o azeite e o sal e frite a carne de porco até dourar levemente. Adicione o molho de soja e frite por 1 minuto. Adicione o caldo e deixe ferver. Adicione as castanhas e as castanhas-d'água, aqueça até ferver, tampe e cozinhe por cerca de 1 hora e meia até a carne ficar macia.

Costeleta de Porco Suey

Ofertas 4

100g/4oz de brotos de bambu cortados em tiras
100g/4 onças de castanhas d'água em fatias finas
60 ml/4 colheres de sopa de óleo de amendoim
3 cebolinhas (cebolas), picadas
2 dentes de alho esmagados
1 fatia de raiz de gengibre picada
225 g/8 onças de carne de porco magra, cortada em tiras
45 ml/3 colheres de sopa de molho de soja
15 ml/1 colher de sopa de vinho de arroz ou xerez seco
5 ml/1 colher de chá de sal
5 ml/1 colher de chá de açúcar
pimenta moída na hora
15 ml/1 colher de sopa de farinha de milho (amido de milho)

Escalde os brotos de bambu e as castanhas em água fervente por 2 minutos, escorra e seque. Aqueça 45 ml/3 colheres de sopa de óleo e frite a cebolinha, o alho e o gengibre até dourar levemente. Adicione a carne de porco e frite por 4 minutos. Retire da panela.

Aqueça o restante do azeite e frite os legumes por 3 minutos. Adicione a carne de porco, o molho de soja, o vinho ou xerez, o sal, o açúcar e uma pitada de pimenta e frite por 4 minutos.

Misture um pouco de água com o fubá, misture na panela e cozinhe, mexendo, até o molho ficar claro e engrossar.

Yakisoba de porco

Ofertas 4

4 cogumelos chineses secos
30 ml/2 colheres de sopa de óleo de amendoim
2,5 ml/½ colher de chá de sal
4 cebolinhas (cebolas), picadas
225 g/8 onças de carne de porco magra, cortada em tiras
15 ml/1 colher de sopa de molho de soja
5 ml/1 colher de chá de açúcar
3 talos de aipo picados
1 cebola fatiada
100 g de cogumelos cortados ao meio
120 ml/4 fl oz/½ xícara de caldo de galinha
macarrão frito macio

Mergulhe os cogumelos em água morna por 30 minutos e escorra. Descarte os caules e corte as tampas. Aqueça o azeite e o sal e refogue a cebolinha até ficar macia. Adicione a carne de porco e frite até dourar levemente. Misture o molho de soja, o açúcar, o aipo, a cebola e os cogumelos frescos e secos e frite por cerca de 4 minutos até que os ingredientes estejam bem misturados. Adicione o caldo e cozinhe por 3 minutos. Adicione metade do macarrão à panela e mexa delicadamente, depois adicione o restante do macarrão e mexa até aquecer.

Chow Mein De Porco Assado

Ofertas 4

100g/4 onças de broto de feijão
45 ml/3 colheres de sopa de óleo de amendoim
100g/4 onças de repolho chinês, ralado
225g/8oz de porco assado, fatiado
5 ml/1 colher de chá de sal
15 ml/1 colher de sopa de vinho de arroz ou xerez seco

Cozinhe os brotos de feijão em água fervente por 4 minutos e escorra. Aqueça o azeite e frite os brotos de feijão e o repolho até amolecerem. Adicione a carne de porco, o sal e o xerez e cozinhe até aquecer. Adicione metade do macarrão escorrido à panela e mexa delicadamente até aquecer. Adicione o macarrão restante e mexa até aquecer.

Carne de porco com chutney

Ofertas 4

5 ml/1 colher de chá de cinco especiarias em pó
5 ml/1 colher de chá de curry em pó
450g/1lb de carne de porco cortada em tiras
30 ml/2 colheres de sopa de óleo de amendoim
6 cebolinhas (cebolinha), cortadas em tiras
1 talo de aipo cortado em tiras
100g/4 onças de broto de feijão
1 x pote de 200g/7oz de picles doces chineses em cubos
45ml/3 colheres de sopa de chutney de manga
30 ml/2 colheres de sopa de molho de soja
30 ml/2 colheres de sopa de purê de tomate (pasta)
150 ml / ¼ pt / generoso ½ xícara de caldo de galinha
10 ml/2 colheres de chá de farinha de milho (amido de milho)

Esfregue bem os temperos na carne de porco. Aqueça o azeite e frite a carne por 8 minutos ou até ficar cozida. Retire da panela. Adicione os legumes à panela e frite por 5 minutos. Retorne a carne de porco para a panela com todos os outros ingredientes, exceto o fubá. Mexa até aquecer. Misture o fubá com um pouco de água, misture na panela e cozinhe, mexendo, até o molho engrossar.

Carne De Porco Com Pepino

Ofertas 4

225 g/8 onças de carne de porco magra, cortada em tiras
30 ml/2 colheres de sopa de farinha simples (geral)
sal e pimenta moída na hora
60 ml/4 colheres de sopa de óleo de amendoim
225g/8oz de pepino, descascado e fatiado
30 ml/2 colheres de sopa de molho de soja

Misture a carne de porco com a farinha e tempere com sal e pimenta. Aqueça o azeite e frite a carne de porco por cerca de 5 minutos até ficar cozida. Adicione o pepino e o molho de soja e frite por mais 4 minutos. Verifique e ajuste os temperos e sirva com arroz frito.

Pacotes de carne de porco crocante

Ofertas 4

4 cogumelos chineses secos
30 ml/2 colheres de sopa de óleo de amendoim
225g/8oz de lombo de porco moído (picado)
50 g/2 onças de camarão sem casca, picado
15 ml/1 colher de sopa de molho de soja
15 ml/1 colher de sopa de farinha de milho (amido de milho)
30 ml/2 colheres de sopa de água
8 wraps de rolinho primavera
100 g/4 onças/1 xícara de fubá (de amido de milho)
óleo para fritar

Mergulhe os cogumelos em água morna por 30 minutos e escorra. Descarte os talos e pique as tampas finamente. Aqueça o azeite e frite os cogumelos, a carne de porco, os camarões e o molho de soja durante 2 minutos. Misture o fubá e a água até formar uma pasta e misture à mistura para fazer o recheio.

Corte as embalagens em tiras, coloque um pouco de recheio no final de cada uma e enrole formando um triângulo, feche com um pouco da mistura de farinha e água. Enrole generosamente com fubá. Aqueça o óleo e frite os triângulos até ficarem crocantes e dourados. Escorra bem antes de servir.

Rolinhos de porco com ovo

Ofertas 4

225 g/8 onças de carne de porco magra, desfiada
1 fatia de raiz de gengibre, moída
1 cebolinha picada
15 ml/1 colher de sopa de molho de soja
15 ml/1 colher de sopa de água
12 cascas de rolinho de ovo
1 ovo batido
óleo para fritar

Misture a carne de porco, o gengibre, a cebola, o molho de soja e a água. Coloque um pouco de recheio no centro de cada casca e pincele as bordas com ovo batido. Dobre as laterais e gire o rolo de ovo para longe de você e feche as bordas com o ovo. Cozinhe no vaporizador na grelha por 30 minutos até que a carne de porco esteja cozida. Aqueça o óleo e frite por alguns minutos até ficar crocante e dourado.

Rolinhos de ovo de porco e camarão

Ofertas 4

30 ml/2 colheres de sopa de óleo de amendoim
225 g/8 onças de carne de porco magra, desfiada
6 cebolinhas (cebolinha), picadas
225g/8oz de broto de feijão
100 g/4 onças de camarão sem casca, picado
15 ml/1 colher de sopa de molho de soja
2,5 ml/½ colher de chá de sal
12 cascas de rolinho de ovo
1 ovo batido
óleo para fritar

Aqueça o azeite e frite a carne de porco e a cebolinha até dourar levemente. Enquanto isso, escalde os brotos de feijão em água fervente por 2 minutos e escorra. Adicione os brotos de feijão à frigideira e frite por 1 minuto. Adicione o camarão, o molho de soja e o sal e frite por 2 minutos. Deixe esfriar.

Coloque um pouco de recheio no centro de cada casca e pincele as bordas com ovo batido. Dobre as laterais e enrole os rolinhos de ovo e sele as bordas com o ovo. Aqueça o óleo e frite os rolinhos de ovo até ficarem crocantes e dourados.

Ovo de porco estufado

Ofertas 4

450g/1lb de carne de porco magra
30 ml/2 colheres de sopa de óleo de amendoim
1 cebola picada
90 ml/6 colheres de sopa de molho de soja
45 ml/3 colheres de sopa de vinho de arroz ou xerez seco
15 ml/1 colher de sopa de açúcar mascavo
3 ovos cozidos (cozidos)

Leve uma panela com água para ferver, acrescente a carne de porco, volte a ferver e cozinhe até fechar. Retire da panela, escorra bem e corte em cubos. Aqueça o azeite e refogue a cebola até amolecer. Adicione a carne de porco e frite até dourar levemente. Misture o molho de soja, o vinho ou xerez e o açúcar, tampe e cozinhe por 30 minutos, mexendo ocasionalmente. Corte levemente a parte externa dos ovos e coloque-os na panela, tampe e cozinhe por mais 30 minutos.

Carne de porco quente

Ofertas 4

450g/1lb de lombo de porco, cortado em tiras
30 ml/2 colheres de sopa de molho de soja
30 ml/2 colheres de sopa de molho hoisin
5 ml/1 colher de chá de cinco especiarias em pó
15 ml/1 colher de sopa de pimenta
15 ml/1 colher de sopa de açúcar mascavo
15 ml/1 colher de sopa de óleo de gergelim
30 ml/2 colheres de sopa de óleo de amendoim
6 cebolinhas (cebolinha), picadas
1 pimentão verde cortado em pedaços
200g/7oz de broto de feijão
2 fatias de abacaxi em cubos
45 ml/3 colheres de sopa de ketchup de tomate (ketchup)
150 ml / ¼ pt / generoso ½ xícara de caldo de galinha

Coloque a carne em uma tigela. Misture o molho de soja, o molho hoisin, as cinco especiarias em pó, a pimenta e o açúcar, regue com a carne e deixe marinar durante 1 hora. Aqueça os óleos e frite a carne até dourar. Retire da panela. Adicione os legumes e frite por 2 minutos. Adicione o abacaxi, o ketchup de tomate e o caldo e deixe ferver. Retorne a carne para a panela e aqueça antes de servir.

Filé de porco frito

Ofertas 4

350g/12 onças de lombo de porco cortado em cubos
15 ml/1 colher de sopa de vinho de arroz ou xerez seco
15 ml/1 colher de sopa de molho de soja
5 ml/1 colher de chá de óleo de gergelim
30 ml/2 colheres de sopa de farinha de milho (amido de milho)
óleo para fritar

Misture a carne de porco, o vinho ou xerez, o molho de soja, o óleo de gergelim e o fubá para que a carne de porco fique coberta com uma massa espessa. Aqueça o azeite e frite a carne de porco por cerca de 3 minutos até ficar crocante. Retire a carne de porco da frigideira, aqueça novamente o azeite e frite novamente por cerca de 3 minutos.

Carne de porco com cinco especiarias

Ofertas 4

225g/8 onças de carne de porco magra
5 ml/1 colher de chá de farinha de milho (amido de milho)
2,5 ml/½ colher de chá de cinco especiarias em pó
2,5 ml/½ colher de chá de sal
15 ml/1 colher de sopa de vinho de arroz ou xerez seco
20 ml/2 colheres de sopa de óleo de amendoim
120 ml/4 fl oz/½ xícara de caldo de galinha

Corte a carne de porco em fatias finas na contramão. Misture a carne de porco com o fubá, cinco especiarias em pó, sal e vinho ou xerez e misture bem para cobrir a carne de porco. Deixe descansar por 30 minutos, mexendo de vez em quando. Aqueça o azeite, acrescente a carne de porco e frite por cerca de 3 minutos. Adicione o caldo, deixe ferver, tampe e cozinhe por 3 minutos. Sirva imediatamente.

Carne de porco perfumada estufada

Serve 6-8

1 pedaço de casca de tangerina
45 ml/3 colheres de sopa de óleo de amendoim
900g / 2lb de carne de porco magra, em cubos
250 ml/8 fl oz/1 xícara de vinho de arroz ou xerez seco
120 ml/4 fl oz/½ xícara de molho de soja
2,5 ml/½ colher de chá de anis em pó
½ pau de canela
4 dentes
5 ml/1 colher de chá de sal
250 ml/8 fl oz/1 xícara de água
2 cebolinhas (cebolinha), fatiadas
1 fatia de raiz de gengibre picada

Mergulhe a casca da tangerina em água enquanto cozinha. Aqueça o azeite e frite a carne de porco até dourar levemente. Adicione vinho ou xerez, molho de soja, anis em pó, canela, cravo, sal e água. Deixe ferver, adicione a casca de tangerina, a cebolinha e o gengibre. Tampe e cozinhe por cerca de 1 hora e meia até ficar macio, mexendo ocasionalmente e adicionando um pouco de água fervente se necessário. Retire os temperos antes de servir.

Carne de porco com alho picado

Ofertas 4

450g/1lb de barriga de porco, sem pele
3 fatias de raiz de gengibre
2 cebolinhas (cebolas), picadas
30 ml/2 colheres de sopa de alho picado
30 ml/2 colheres de sopa de molho de soja
5 ml/1 colher de chá de sal
15 ml/1 colher de sopa de caldo de galinha
2,5 ml/½ colher de chá de óleo de pimenta
4 raminhos de coentro

Coloque a carne de porco na panela com o gengibre e a cebolinha, cubra com água, leve para ferver e cozinhe por 30 minutos até ficar macia. Retire e escorra bem, depois corte em fatias finas, com cerca de 5cm/2 quadrados. Coloque as fatias em uma peneira de metal. Deixe ferver a água, acrescente as rodelas de porco e cozinhe por 3 minutos até aquecer bem. Disponha em um prato aquecido. Misture o alho, o molho de soja, o sal, o caldo e o óleo de pimenta e regue com a carne de porco. Sirva decorado com coentro.

Porco assado com gengibre

Ofertas 4

225g/8 onças de carne de porco magra
5 ml/1 colher de chá de farinha de milho (amido de milho)
30 ml/2 colheres de sopa de molho de soja
30 ml/2 colheres de sopa de óleo de amendoim
1 fatia de raiz de gengibre, moída
1 cebolinha (cebola), fatiada
45 ml/3 colheres de sopa de água
5 ml/1 colher de chá de açúcar mascavo

Corte a carne de porco em fatias finas na contramão. Polvilhe o fubá, depois polvilhe o molho de soja e misture novamente. Aqueça o azeite e frite a carne de porco por 2 minutos até engrossar. Adicione o gengibre e a cebolinha e frite por 1 minuto. Adicione água e açúcar, tampe e cozinhe por cerca de 5 minutos até ficar cozido.

Carne De Porco Com Feijão Verde

Ofertas 4

450g/1lb de feijão verde, cortado em pedaços
30 ml/2 colheres de sopa de óleo de amendoim
2,5 ml/½ colher de chá de sal
1 fatia de raiz de gengibre, moída
225 g/8 onças de carne de porco magra, moída (picada)
120 ml/4 fl oz/½ xícara de caldo de galinha
75 ml/5 colheres de sopa de água
2 ovos
15 ml/1 colher de sopa de farinha de milho (amido de milho)

Ferva o feijão por cerca de 2 minutos e escorra. Aqueça o azeite e frite o sal e o gengibre por alguns segundos. Adicione a carne de porco e frite até dourar levemente. Adicione o feijão e frite por 30 segundos, coberto com óleo. Junte o caldo, deixe ferver, tampe e cozinhe por 2 minutos. Bata os ovos com 30 ml/2 colheres de água e misture na panela. Misture o restante da água ao fubá. Quando os ovos começarem a endurecer, junte o fubá e cozinhe até engrossar. Sirva imediatamente.

Presunto de porco e tofu

Ofertas 4

4 cogumelos chineses secos
5 ml/1 colher de chá de óleo de amendoim
100 g de presunto defumado, fatiado
225g/8 onças de tofu, fatiado
225 g/8 onças de carne de porco magra, fatiada
15 ml/1 colher de sopa de vinho de arroz ou xerez seco
sal e pimenta moída na hora
1 fatia de raiz de gengibre picada
1 cebolinha (cebola) picada
10 ml/2 colheres de chá de farinha de milho (amido de milho)
30 ml/2 colheres de sopa de água

Mergulhe os cogumelos em água morna por 30 minutos e escorra. Descarte os caules e corte as tampas pela metade. Esfregue uma tigela refratária com óleo de amendoim. Coloque os cogumelos, o presunto, o tofu e a carne de porco na frigideira, com a carne de porco por cima. Polvilhe com vinho ou xerez, sal e pimenta, gengibre e cebolinhas. Cubra e cozinhe no vapor em uma gradinha sobre água fervente por cerca de 45 minutos até ficar macio. Escorra o molho da tigela sem misturar os ingredientes. Adicione água suficiente para perfazer 250 ml/8 fl oz/1 xícara. Misture o fubá e a água e misture ao molho. Despeje em uma tigela e cozinhe, mexendo, até o molho clarear e engrossar. Transfira a mistura de carne de porco para uma travessa quente, regue com o molho e sirva.

Espetada de porco frito

Ofertas 4

450g/1lb de lombo de porco em fatias finas
100g/4 onças de presunto cozido em fatias finas
6 castanhas-d'água em fatias finas
30 ml/2 colheres de sopa de molho de soja
30 ml/2 colheres de sopa de vinagre de vinho
15 ml/1 colher de sopa de açúcar mascavo
15 ml/1 colher de sopa de molho de ostra
algumas gotas de óleo de pimenta
45 ml/3 colheres de sopa de farinha de milho (amido de milho)
30 ml/2 colheres de sopa de vinho de arroz ou xerez seco
2 ovos batidos
óleo para fritar

Alternadamente, enfie a carne de porco, o presunto e as castanhas-d'água em espetos pequenos. Misture o molho de soja, o vinagre de vinho, o açúcar, o molho de ostra e o óleo de pimenta. Despeje sobre os kebabs, tampe e deixe marinar na geladeira por 3 horas. Misture o fubá, o vinho ou o xerez e os ovos até obter uma massa lisa e espessa. Enrole os kebabs na massa para cobri-los. Aqueça o óleo e frite os kebabs até dourar.

Carne de porco estufada ao molho vermelho

Ofertas 4

1 junta grande de porco
1 L/1 ½ pts/4 ¼ xícaras de água fervente
5 ml/1 colher de chá de sal
120 ml/4 fl oz/½ xícara de vinagre de vinho
120 ml/4 fl oz/½ xícara de molho de soja
45 ml/3 colheres de sopa de mel
5 ml/1 colher de chá de bagas de zimbro
5 ml/1 colher de chá de anis
5 ml/1 colher de chá de coentro
60 ml/4 colheres de sopa de óleo de amendoim
6 cebolinhas (cebolinha), fatiadas
2 cenouras em fatias finas
1 talo de aipo fatiado
45 ml/3 colheres de sopa de molho hoisin
30 ml/2 colheres de sopa de chutney de manga
75 ml/5 colheres de sopa de purê de tomate (pasta)
1 dente de alho esmagado
60 ml/4 colheres de sopa de cebolinha picada

Leve a junta para ferver com água, sal, vinagre de vinho, 45ml/3 colheres de sopa de molho de soja, mel e especiarias. Adicione os legumes, deixe ferver novamente, tampe e cozinhe por cerca de 1 hora e meia até que a carne esteja macia. Retire a carne e os legumes da frigideira, corte a carne dos ossos e corte em cubos. Aqueça o azeite e frite a carne até dourar. Adicione os legumes e frite por 5 minutos. Adicione o restante do molho de soja, o molho hoisin, o chutney, o purê de tomate e o alho. Deixe ferver, mexendo e cozinhe por 3 minutos. Sirva polvilhado com cebolinha.

Carne de porco marinada

Ofertas 4

450g/1lb de carne de porco magra
1 fatia de raiz de gengibre, moída
1 dente de alho esmagado
90 ml/6 colheres de sopa de molho de soja
15 ml/1 colher de sopa de vinho de arroz ou xerez seco
45 ml/3 colheres de sopa de óleo de amendoim
1 cebolinha (cebola), fatiada
15 ml/1 colher de sopa de açúcar mascavo
pimenta moída na hora

Misture a carne de porco com gengibre, alho, 30ml/2 colheres de sopa de molho de soja e vinho ou xerez. Deixe descansar por 30 minutos, mexendo de vez em quando, e depois retire a carne da marinada. Aqueça o azeite e frite a carne de porco até dourar levemente. Adicione a cebolinha, o açúcar, o restante do molho de soja e uma pitada de pimenta, tampe e cozinhe por cerca de 45 minutos até que a carne de porco esteja macia. Corte a carne de porco em cubos e sirva.

Costeletas de porco marinadas

Ofertas 6

6 costeletas de porco
1 fatia de raiz de gengibre, moída
1 dente de alho esmagado
90 ml/6 colheres de sopa de molho de soja
30 ml/2 colheres de sopa de vinho de arroz ou xerez seco
45 ml/3 colheres de sopa de óleo de amendoim
2 cebolinhas (cebolas), picadas
15 ml/1 colher de sopa de açúcar mascavo
pimenta moída na hora

Corte o osso da costeleta de porco e corte a carne em cubos. Misture o gengibre, o alho, 30 ml/2 colheres de sopa de molho de soja e o vinho ou xerez, regue com a carne de porco e deixe marinar durante 30 minutos, mexendo de vez em quando. Retire a carne da marinada. Aqueça o azeite e frite a carne de porco até dourar levemente. Adicione as cebolinhas e frite por 1 minuto. Misture o restante do molho de soja com o açúcar e uma pitada de pimenta. Misture o molho, deixe ferver, tampe e cozinhe por cerca de 30 minutos até que a carne de porco esteja cozida.

Carne De Porco Com Cogumelos

Ofertas 4

25g/1oz de cogumelos chineses secos
30 ml/2 colheres de sopa de óleo de amendoim
1 dente de alho picado
225g/8oz de carne de porco magra cortada em tiras
4 cebolinhas (cebolas), picadas
15 ml/1 colher de sopa de molho de soja
15 ml/1 colher de sopa de vinho de arroz ou xerez seco
5 ml/1 colher de chá de óleo de gergelim

Mergulhe os cogumelos em água morna por 30 minutos e escorra. Descarte os caules e corte as tampas. Aqueça o azeite e frite o alho até dourar levemente. Adicione a carne de porco e frite até dourar. Junte as cebolinhas, os cogumelos, o molho de soja e o vinho ou xerez e frite por 3 minutos. Junte o óleo de gergelim e sirva imediatamente.

Bolo De Carne No Vapor

Ofertas 4

450g/1lb de carne de porco moída (picada)
4 castanhas d'água picadas
225g/8oz de cogumelos picados
5 ml/1 colher de chá de molho de soja
sal e pimenta moída na hora
1 ovo levemente batido

Misture bem todos os ingredientes e molde a mistura em uma torta plana em uma assadeira refratária. Coloque o prato na grelha do vaporizador, tampe e cozinhe no vapor por 1 hora e meia.

Carne de porco cozida vermelha com cogumelos

Ofertas 4

450g/1lb de carne de porco magra, cortada em cubos
250 ml/8 fl oz/1 xícara de água
15 ml/1 colher de sopa de molho de soja
15 ml/1 colher de sopa de vinho de arroz ou xerez seco
5 ml/1 colher de chá de açúcar
5 ml/1 colher de chá de sal
225g/8 onças de champignon

Coloque a carne de porco e a água em uma panela e ferva a água. Tampe e deixe ferver por 30 minutos e escorra e reserve o caldo. Retorne a carne de porco à panela e adicione o molho de soja. Cozinhe em fogo baixo, mexendo, até que o molho de soja seja absorvido. Misture o vinho ou xerez, o açúcar e o sal. Despeje o caldo reservado, aqueça até ferver, tampe e cozinhe por cerca de 30 minutos, virando a carne de vez em quando. Adicione os cogumelos e cozinhe por mais 20 minutos.

Carne De Porco Com Panqueca De Macarrão

Ofertas 4

30 ml/2 colheres de sopa de óleo de amendoim
5 ml/2 colheres de chá de sal
225 g/8 onças de carne de porco magra, cortada em tiras
225g/8 onças de repolho chinês, ralado
100 g/4 onças de brotos de bambu, ralados
100g de cogumelos em fatias finas
150 ml / ¼ pt / generoso ½ xícara de caldo de galinha
10 ml/2 colheres de chá de farinha de milho (amido de milho)
15 ml/1 colher de sopa de vinho de arroz ou xerez seco
15 ml/1 colher de sopa de água
panqueca de macarrão

Aqueça o azeite e frite o sal e a carne de porco até ficarem levemente coloridos. Adicione o repolho, os brotos de bambu e os cogumelos e frite por 1 minuto. Adicione o caldo, deixe ferver, tampe e cozinhe por 4 minutos até que a carne de porco esteja cozida. Misture o fubá até formar uma pasta com o vinho ou xerez e a água, coloque na panela e cozinhe, mexendo, até o molho clarear e engrossar. Despeje sobre a panqueca de macarrão para servir.

Carne de porco e camarão com panqueca de macarrão

Ofertas 4

30 ml/2 colheres de sopa de óleo de amendoim
5 ml/1 colher de chá de sal
4 cebolinhas (cebolas), picadas
1 dente de alho esmagado
225 g/8 onças de carne de porco magra, cortada em tiras
100g/4 onças de cogumelos, fatiados
4 talos de aipo, fatiados
225 g/8 onças de camarão sem casca
30 ml/2 colheres de sopa de molho de soja
10 ml/1 colher de chá de farinha de milho (amido de milho)
45 ml/3 colheres de sopa de água
panqueca de macarrão

Aqueça o azeite e o sal e refogue a cebolinha e o alho até ficarem macios. Adicione a carne de porco e frite até dourar levemente. Adicione os cogumelos e o aipo e frite por 2 minutos. Adicione os camarões, polvilhe com o molho de soja e mexa até aquecer. Misture o fubá e a água até formar uma pasta, misture na panela e cozinhe mexendo até ficar bem quente. Despeje sobre a panqueca de macarrão para servir.

Carne de porco com molho de ostra

Serve 4-6 porções
450g/1lb de carne de porco magra
15 ml/1 colher de sopa de farinha de milho (amido de milho)
10 ml/2 colheres de chá de vinho de arroz ou xerez seco
uma pitada de açúcar
45 ml/3 colheres de sopa de óleo de amendoim
10 ml/2 colheres de chá de água
30 ml/2 colheres de sopa de molho de ostra
pimenta moída na hora
1 fatia de raiz de gengibre, moída
60 ml/4 colheres de sopa de caldo de galinha

Corte a carne de porco em fatias finas na contramão. Misture 5ml/1 colher de chá de fubá com vinho ou xerez, açúcar e 5ml/1 colher de chá de óleo, adicione à carne de porco e misture bem para revestir. Misture o restante do fubá com água, molho de ostra e uma pitada de pimenta. Aqueça o restante do azeite e frite o gengibre por 1 minuto. Adicione a carne de porco e frite até dourar levemente. Adicione o caldo e o molho de ostra, deixe ferver, tampe e cozinhe por 3 minutos.

Carne de porco com nozes

Ofertas 4

450g/1lb de carne de porco magra, cortada em cubos

15 ml/1 colher de sopa de farinha de milho (amido de milho)

5 ml/1 colher de chá de sal

1 clara de ovo

3 cebolinhas (cebolas), picadas

1 dente de alho picado

1 fatia de raiz de gengibre picada

45 ml/3 colheres de sopa de caldo de galinha

15 ml/1 colher de sopa de vinho de arroz ou xerez seco

15 ml/1 colher de sopa de molho de soja

10 ml/2 colher de chá de xarope preto

45 ml/3 colheres de sopa de óleo de amendoim

½ pepino em cubos

25 g/1 onça/¼ xícara de amendoim sem casca

5 ml/1 colher de chá de óleo de pimenta

Misture a carne de porco com metade do fubá, o sal e a clara de ovo e misture bem para cobrir a carne de porco. Misture o restante do fubá com cebolinhas, alho, gengibre, caldo, vinho ou xerez, molho de soja e xarope. Aqueça o azeite e frite a carne de porco até dourar levemente, depois retire da frigideira. Adicione o pepino à frigideira e frite por alguns minutos. Retorne a carne de porco à panela e mexa delicadamente. Misture a mistura de temperos, leve para ferver e cozinhe, mexendo até o molho ficar claro e engrossar. Misture as nozes e o óleo de pimenta e aqueça antes de servir.

Carne De Porco Com Páprica

Ofertas 4

45 ml/3 colheres de sopa de óleo de amendoim
225g/8oz de carne de porco magra, cortada em cubos
1 cebola picada
2 pimentões verdes em cubos
½ cabeça de folhas chinesas cortadas em cubos
1 fatia de raiz de gengibre, moída
15 ml/1 colher de sopa de molho de soja
15 ml/1 colher de sopa de açúcar
2,5 ml/½ colher de chá de sal

Aqueça o azeite e frite a carne de porco por cerca de 4 minutos até dourar. Adicione a cebola e refogue por cerca de 1 minuto. Adicione os pimentões e frite por 1 minuto. Adicione as folhas chinesas e frite por 1 minuto. Misture o restante dos ingredientes, misture na panela e frite por mais 2 minutos.

Picles de porco picante

Ofertas 4

900g/2lb de costeletas de porco
30 ml/2 colheres de sopa de farinha de milho (amido de milho)
45 ml/3 colheres de sopa de molho de soja
30 ml/2 colheres de sopa de xerez doce
5 ml/1 colher de chá de raiz de gengibre ralada
2,5 ml/½ colher de chá de cinco especiarias em pó
uma pitada de pimenta moída na hora
óleo para fritar
60 ml/4 colheres de sopa de caldo de galinha
Legumes em conserva chineses

Corte as costeletas, retire toda a gordura e ossos. Misture o fubá, 30 ml/2 colheres de sopa de molho de soja, o xerez, o gengibre, o pó de cinco especiarias e a pimenta. Despeje sobre a carne de porco e misture bem. Cubra e deixe marinar por 2 horas, virando de vez em quando. Aqueça o azeite e frite a carne de porco até dourar e ficar cozida. Escorra em papel toalha. Corte a carne de porco em rodelas grossas, transfira para uma travessa quente e mantenha quente. Misture o caldo e o molho de soja restante em uma panela pequena. Deixe ferver e regue com a carne de porco. Sirva decorado com mistura de picles.

Carne de porco com molho de ameixa

Ofertas 4

450g/1lb de carne de porco cozida em cubos
2 dentes de alho esmagados
sal
60 ml/4 colheres de sopa de ketchup de tomate (ketchup)
30 ml/2 colheres de sopa de molho de soja
45 ml/3 colheres de sopa de molho de ameixa
5 ml/1 colher de chá de curry em pó
5 ml/1 colher de chá de páprica
2,5 ml/½ colher de chá de pimenta moída na hora
45 ml/3 colheres de sopa de óleo de amendoim
6 cebolinhas (cebolinha), cortadas em tiras
4 cenouras cortadas em tiras

Marinar a carne com alho, sal, ketchup de tomate, molho de soja, molho de ameixa, curry em pó, páprica e pimenta por 30 minutos. Aqueça o azeite e frite a carne até dourar levemente. Retire da wok. Adicione os legumes ao óleo e frite até ficarem cozidos. Retorne a carne para a panela e aqueça delicadamente antes de servir.

Carne de porco com camarão

Serve 6-8

900g/2lb de carne de porco magra

30 ml/2 colheres de sopa de óleo de amendoim

1 cebola fatiada

1 cebolinha (cebola) picada

2 dentes de alho esmagados

30 ml/2 colheres de sopa de molho de soja

50 g/2 onças de camarão sem casca, picado

(EU)

600 ml/1 pt/2½ xícaras de água fervente

15 ml/1 colher de sopa de açúcar

Leve uma panela com água para ferver, acrescente a carne de porco, tampe e cozinhe por 10 minutos. Retire da panela e escorra bem e corte em cubos. Aqueça o azeite e frite a cebola, a cebolinha e o alho até dourar levemente. Adicione a carne de porco e frite até dourar levemente. Adicione o molho de soja e o camarão e frite por 1 minuto. Adicione água fervente e açúcar, tampe e cozinhe por cerca de 40 minutos até que a carne de porco esteja cozida.

Carne de porco cozida vermelha

Ofertas 4

675g/1½lb de carne de porco magra em cubos
250 ml/8 fl oz/1 xícara de água
1 fatia de raiz de gengibre esmagada
60 ml/4 colheres de sopa de molho de soja
15 ml/1 colher de sopa de vinho de arroz ou xerez seco
5 ml/1 colher de chá de sal
10 ml/2 colheres de chá de açúcar mascavo

Coloque a carne de porco e a água em uma panela e ferva a água. Adicione o gengibre, o molho de soja, o xerez e o sal, tampe e cozinhe por 45 minutos. Adicione o açúcar, vire a carne, tampe e cozinhe por mais 45 minutos até que a carne de porco esteja cozida.

Carne de porco ao molho vermelho

Ofertas 4

30 ml/2 colheres de sopa de óleo de amendoim
225g de rins de porco, cortados em tiras
450g/1lb de carne de porco cortada em tiras
1 cebola fatiada
4 cebolinhas (cebolinha), cortadas em tiras
2 cenouras cortadas em tiras
1 talo de aipo cortado em tiras
1 pimentão vermelho cortado em tiras
45 ml/3 colheres de sopa de molho de soja
45 ml/3 colheres de sopa de vinho branco seco
300 ml/½ pt/1¼ xícara de caldo de galinha
30 ml/2 colheres de sopa de molho de ameixa
30 ml/2 colheres de sopa de vinagre de vinho
5 ml/1 colher de chá de cinco especiarias em pó
5 ml/1 colher de chá de açúcar mascavo
15 ml/1 colher de sopa de farinha de milho (amido de milho)
15 ml/1 colher de sopa de água

Aqueça o azeite e frite os rins por 2 minutos e retire-os da frigideira. Aqueça novamente o azeite e frite a carne de porco até dourar levemente. Adicione os legumes e frite por 3 minutos.

Adicione o molho de soja, o vinho, o caldo, o molho de ameixa, o vinagre de vinho, o pó de cinco especiarias e o açúcar, leve para ferver, tampe e cozinhe por 30 minutos até ficar macio. Adicione os rins. Misture o fubá e a água e misture na panela. Deixe ferver e cozinhe, mexendo, até o molho engrossar.

Carne de porco com macarrão de arroz

Ofertas 4

4 cogumelos chineses secos
100g/4 onças de macarrão de arroz
225 g/8 onças de carne de porco magra, cortada em tiras
15 ml/1 colher de sopa de farinha de milho (amido de milho)
15 ml/1 colher de sopa de molho de soja
15 ml/1 colher de sopa de vinho de arroz ou xerez seco
45 ml/3 colheres de sopa de óleo de amendoim
2,5 ml/½ colher de chá de sal
1 fatia de raiz de gengibre, moída
2 talos de aipo picados
120 ml/4 fl oz/½ xícara de caldo de galinha
2 cebolinhas (cebolinha), fatiadas

Mergulhe os cogumelos em água morna por 30 minutos e escorra. Descarte os caules e corte as tampas. Mergulhe o macarrão em água morna por 30 minutos, escorra e corte em pedaços de 5 cm. Coloque a carne de porco em uma tigela. Misture o fubá, o molho de soja e o vinho ou xerez, regue com a carne de porco e misture bem. Aqueça o azeite e frite o sal e o gengibre por alguns segundos. Adicione a carne de porco e frite até dourar levemente. Adicione os cogumelos e o aipo e frite por

1 minuto. Adicione o caldo, deixe ferver, tampe e cozinhe por 2 minutos. Adicione o macarrão e aqueça por 2 minutos. Junte a cebolinha e sirva imediatamente.

Bolinhos de porco ricos

Ofertas 4

450g/1lb de carne de porco moída (picada)
100g/4 onças de tofu amassado
4 castanhas d'água picadas
sal e pimenta moída na hora
120 ml/4 fl oz/½ xícara de óleo de amendoim
1 fatia de raiz de gengibre, moída
600 ml/1 pt/2½ xícaras de caldo de galinha
15 ml/1 colher de sopa de molho de soja
5 ml/1 colher de chá de açúcar mascavo
5 ml/1 colher de chá de vinho de arroz ou xerez seco

Misture a carne de porco, o tofu e as castanhas e tempere com sal e pimenta. Forme bolas grandes. Aqueça o azeite e frite os bolinhos de porco até dourar por todos os lados, depois retire da frigideira. Escorra todo o óleo, exceto 15ml / 1 colher de sopa, e adicione o gengibre, o caldo, o molho de soja, o açúcar e o vinho ou xerez. Retorne os bolinhos de porco à panela, deixe ferver e cozinhe delicadamente por 20 minutos até ficar cozido.

Costeletas de porco assadas

Ofertas 4

4 costeletas de porco
75 ml/5 colheres de sopa de molho de soja
óleo para fritar
100g/4 onças de talos de aipo
3 cebolinhas (cebolas), picadas
1 fatia de raiz de gengibre picada
15 ml/1 colher de sopa de vinho de arroz ou xerez seco
120 ml/4 fl oz/½ xícara de caldo de galinha
sal e pimenta moída na hora
5 ml/1 colher de chá de óleo de gergelim

Mergulhe as costeletas de porco no molho de soja até ficarem bem revestidas. Aqueça o azeite e frite as costeletas até dourar. Retire e escorra bem. Coloque o aipo no fundo de uma assadeira rasa. Polvilhe cebolinhas e gengibre por cima e coloque as costeletas de porco por cima. Regue com o vinho ou xerez e o caldo e tempere com sal e pimenta. Polvilhe óleo de gergelim por cima. Asse em forno pré-aquecido a 200°C/400°C/gás marca 6 por 15 minutos.

Carne de porco temperada

Ofertas 4

1 pepino em cubos

sal

450g/1lb de carne de porco magra, cortada em cubos

5 ml/1 colher de chá de sal

45 ml/3 colheres de sopa de molho de soja

30 ml/2 colheres de sopa de vinho de arroz ou xerez seco

30 ml/2 colheres de sopa de farinha de milho (amido de milho)

15 ml/1 colher de sopa de açúcar mascavo

60 ml/4 colheres de sopa de óleo de amendoim

1 fatia de raiz de gengibre picada

1 dente de alho picado

1 pimenta vermelha sem sementes e picada

60 ml/4 colheres de sopa de caldo de galinha

Polvilhe o pepino com sal e reserve. Misture a carne de porco, o sal, 15ml/1 colher de sopa de molho de soja, 15ml/1 colher de sopa de vinho ou xerez, 15ml/1 colher de sopa de fubá, açúcar mascavo e 15ml/1 colher de sopa de óleo. Deixe descansar por 30 minutos e depois retire a carne da marinada. Aqueça o restante do azeite e frite a carne de porco até dourar levemente. Adicione o gengibre, o alho e a pimenta e frite por 2 minutos. Adicione o pepino e frite por 2 minutos. Misture o caldo e o restante do molho de soja, o vinho ou xerez e o fubá na marinada. Misture isso em uma panela e leve para ferver, mexendo. Cozinhe, mexendo, até o molho clarear e engrossar, e continue cozinhando até que a carne esteja cozida.

Fatias de porco escorregadias

Ofertas 4

225 g/8 onças de carne de porco magra, fatiada
2 claras de ovo
15 ml/1 colher de sopa de farinha de milho (amido de milho)
45 ml/3 colheres de sopa de óleo de amendoim
50g/2oz de brotos de bambu, fatiados
6 cebolinhas (cebolinha), picadas
2,5 ml/½ colher de chá de sal
15 ml/1 colher de sopa de vinho de arroz ou xerez seco
150 ml / ¼ pt / generoso ½ xícara de caldo de galinha

Misture a carne de porco com as claras e o fubá até ficar bem revestida. Aqueça o azeite e frite a carne de porco até dourar levemente, depois retire da frigideira. Adicione os brotos de bambu e as cebolinhas e frite por 2 minutos. Volte a colocar a carne de porco na frigideira com o sal, o vinho ou o xerez e o frango. Deixe ferver e cozinhe por 4 minutos, mexendo, até que a carne de porco esteja cozida.

Carne de porco com espinafre e cenoura

Ofertas 4

225g/8 onças de carne de porco magra
2 cenouras cortadas em tiras
225g/8 onças de espinafre
45 ml/3 colheres de sopa de óleo de amendoim
1 cebolinha (cebola) picada
15 ml/1 colher de sopa de molho de soja
2,5 ml/½ colher de chá de sal
10 ml/2 colheres de chá de farinha de milho (amido de milho)
30 ml/2 colheres de sopa de água

Corte a carne de porco em fatias finas na contramão e corte em tiras. Ferva as cenouras por cerca de 3 minutos e escorra. Corte as folhas de espinafre pela metade. Aqueça o azeite e frite as cebolinhas até ficarem translúcidas. Adicione a carne de porco e frite até dourar levemente. Adicione as cenouras e o molho de soja e frite por 1 minuto. Adicione sal e espinafre e frite por cerca de 30 segundos até começar a amolecer. Misture o fubá e a água até formar uma pasta, misture o molho e frite até ficar translúcido e sirva imediatamente.

Carne de porco cozida no vapor

Ofertas 4

450g/1lb de carne de porco magra, cortada em cubos
120 ml/4 fl oz/½ xícara de molho de soja
120 ml/4 fl oz/½ xícara de vinho de arroz ou xerez seco
15 ml/1 colher de sopa de açúcar mascavo

Misture todos os ingredientes e coloque em uma tigela resistente ao calor. Cozinhe em uma gradinha sobre água fervente por cerca de 1 hora e meia até ficar macio.

Porco frito

Ofertas 4

25g/1oz de cogumelos chineses secos
15 ml/1 colher de sopa de óleo de amendoim
450g/1lb de carne de porco magra, fatiada
1 pimentão verde picado
15 ml/1 colher de sopa de molho de soja
15 ml/1 colher de sopa de vinho de arroz ou xerez seco
5 ml/1 colher de chá de sal
5 ml/1 colher de chá de óleo de gergelim

Mergulhe os cogumelos em água morna por 30 minutos e escorra. Descarte os caules e corte as tampas. Aqueça o azeite e frite a carne de porco até dourar levemente. Adicione pimenta e frite por 1 minuto. Adicione os cogumelos, o molho de soja, o vinho ou xerez e o sal e frite durante alguns minutos até a carne estar cozida. Junte o óleo de gergelim antes de servir.

Carne de porco com batata doce

Ofertas 4

óleo para fritar
2 batatas doces grandes, fatiadas
30 ml/2 colheres de sopa de óleo de amendoim
1 fatia de raiz de gengibre, fatiada
1 cebola fatiada
450g/1lb de carne de porco magra, cortada em cubos
15 ml/1 colher de sopa de molho de soja
2,5 ml/½ colher de chá de sal
pimenta moída na hora
250 ml/8 fl oz/1 xícara de caldo de galinha
30 ml/2 colheres de sopa de curry em pó

Aqueça o azeite e frite as batatas-doces até dourar. Retire da panela e escorra bem. Aqueça o óleo de amendoim e frite o gengibre e a cebola até dourar levemente. Adicione a carne de porco e frite até dourar levemente. Adicione o molho de soja, o sal e uma pitada de pimenta e depois acrescente o caldo e o curry em pó, leve para ferver e cozinhe, mexendo, por 1 minuto. Adicione as batatas fritas, tampe e cozinhe por 30 minutos até que a carne de porco esteja cozida.

Carne de porco agridoce

Ofertas 4

450g/1lb de carne de porco magra, cortada em cubos
15 ml/1 colher de sopa de vinho de arroz ou xerez seco
15 ml/1 colher de sopa de óleo de amendoim
5 ml/1 colher de chá de curry em pó
1 ovo batido
sal
100g/4 onças de fubá (amido de milho)
óleo para fritar
1 dente de alho esmagado
75 g/3 onças/½ xícara de açúcar
50g/2oz de ketchup de tomate (ketchup)
5 ml/1 colher de chá de vinagre de vinho
5 ml/1 colher de chá de óleo de gergelim

Misture a carne de porco com vinho ou xerez, azeite, curry em pó, ovo e um pouco de sal. Misture o fubá até que a carne de porco esteja coberta com a massa. Aqueça o azeite para fumegar e acrescente algumas vezes os cubos de porco. Frite por cerca de 3 minutos, escorra e reserve. Aqueça novamente o óleo e frite novamente os cubos por cerca de 2 minutos. Retire e escorra. Aqueça o alho, o açúcar, o ketchup de tomate e o vinagre de vinho, mexendo, até que o açúcar se dissolva. Deixe ferver, acrescente os cubos de porco e misture bem. Junte o óleo de gergelim e sirva.

Carne de porco salgada

Ofertas 4

30 ml/2 colheres de sopa de óleo de amendoim
450g/1lb de carne de porco magra, cortada em cubos
3 cebolinhas (cebolas), fatiadas
2 dentes de alho esmagados
1 fatia de raiz de gengibre, moída
250 ml/8 fl oz/1 xícara de molho de soja
30 ml/2 colheres de sopa de vinho de arroz ou xerez seco
30 ml/2 colheres de sopa de açúcar mascavo
5 ml/1 colher de chá de sal
600 ml/1 pt/2½ xícaras de água

Aqueça o azeite e frite a carne de porco até dourar. Escorra o excesso de óleo, acrescente a cebolinha, o alho e o gengibre e frite por 2 minutos. Adicione o molho de soja, o vinho ou xerez, o açúcar e o sal e misture bem. Adicione água, deixe ferver, tampe e cozinhe por 1 hora.

Carne de porco com tofu

Ofertas 4

450g/1lb de carne de porco magra
45 ml/3 colheres de sopa de óleo de amendoim
1 cebola fatiada
1 dente de alho esmagado
225g/8 onças de tofu em cubos
375 ml/13 fl oz/1½ xícara de caldo de galinha
15 ml/1 colher de sopa de açúcar mascavo
60 ml/4 colheres de sopa de molho de soja
2,5 ml/½ colher de chá de sal

Coloque a carne de porco na panela e cubra com água. Deixe ferver e cozinhe por 5 minutos. Escorra e deixe esfriar e corte em cubos.

Aqueça o azeite e frite a cebola e o alho até dourar levemente. Adicione a carne de porco e frite até dourar levemente. Adicione o tofu e mexa delicadamente até ficar coberto com óleo. Adicione o caldo, o açúcar, o molho de soja e o sal, leve para ferver, tampe e cozinhe por cerca de 40 minutos até que a carne de porco esteja cozida.

Carne de porco frita tenra

Ofertas 4

225g/8 onças de lombo de porco cortado em cubos
1 clara de ovo
30 ml/2 colheres de sopa de vinho de arroz ou xerez seco
sal
225 g/8 onças de fubá (de amido de milho)
óleo para fritar

Misture a carne de porco com a clara de ovo, o vinho ou o xerez e um pouco de sal. Aos poucos, misture fubá suficiente para fazer uma massa grossa. Aqueça o azeite e frite a carne de porco até dourar e ficar crocante por fora e macia por dentro.

Carne de porco duas vezes cozida

Ofertas 4

225g/8 onças de carne de porco magra
45 ml/3 colheres de sopa de óleo de amendoim
2 pimentões verdes cortados em pedaços
2 dentes de alho picados
2 cebolinhas (cebolinha), fatiadas
15 ml/1 colher de sopa de molho de feijão picante
15 ml/1 colher de sopa de caldo de galinha
5 ml/1 colher de chá de açúcar

Coloque a costeleta de porco numa panela, cubra com água, deixe ferver e cozinhe por 20 minutos até ficar cozida. Retire e escorra e deixe esfriar. Corte em fatias finas.

Aqueça o azeite e frite a carne de porco até dourar levemente. Adicione o pimentão, o alho e a cebolinha e frite por 2 minutos. Retire da panela. Adicione o molho de feijão, o caldo e o açúcar à panela e cozinhe, mexendo, por 2 minutos. Devolva a carne de porco e os pimentões e cozinhe até aquecer. Sirva imediatamente.

Carne de porco com legumes

Ofertas 4

2 dentes de alho esmagados
5 ml/1 colher de chá de sal
2,5 ml/½ colher de chá de pimenta moída na hora
30 ml/2 colheres de sopa de óleo de amendoim
30 ml/2 colheres de sopa de molho de soja
225g/8 onças de florzinhas de brócolis
200g/7 onças de florzinhas de couve-flor
1 pimentão vermelho picado
1 cebola picada
2 laranjas descascadas e cortadas em cubos
1 talo de gengibre picado
30 ml/2 colheres de sopa de farinha de milho (amido de milho)
300 ml/½ pt/1 ¼ xícara de água
20 ml/2 colheres de sopa de vinagre de vinho
15 ml/1 colher de sopa de mel
uma pitada de gengibre em pó
2,5 ml/½ colher de chá de cominho

Esmague o alho, o sal e a pimenta na carne. Aqueça o azeite e frite a carne até dourar levemente. Retire da panela. Adicione o molho de soja e os legumes à frigideira e frite até que estejam cozidos, mas ainda crocantes. Adicione as laranjas e o gengibre. Misture o fubá e a água e misture em uma panela com o vinagre de vinho, o mel, o gengibre e o cominho. Deixe ferver e cozinhe por 2 minutos, mexendo. Retorne a carne de porco à frigideira e aqueça antes de servir.

Carne De Porco Com Nozes

Ofertas 4

50 g/2 onças/½ xícara de nozes
225 g/8 onças de carne de porco magra, cortada em tiras
30 ml/2 colheres de sopa de farinha simples (geral)
30 ml/2 colheres de sopa de açúcar mascavo
30 ml/2 colheres de sopa de molho de soja
óleo para fritar
15 ml/1 colher de sopa de óleo de amendoim

Ferva as nozes em água fervente por 2 minutos e escorra. Misture a carne de porco com a farinha, o açúcar e 15ml/1 colher de sopa de molho de soja até ficar bem revestida. Aqueça o azeite e frite a carne de porco até ficar crocante e dourada. Escorra em papel toalha. Aqueça o óleo de amendoim e frite as nozes até dourar. Adicione a carne de porco à frigideira, polvilhe com o restante do molho de soja e frite até aquecer bem.

Wontons de porco

Ofertas 4

450g/1lb de carne de porco moída (picada)
1 cebolinha (cebola) picada
225 g/8 onças de vegetais mistos, picados
30 ml/2 colheres de sopa de molho de soja
5 ml/1 colher de chá de sal
40 skins de wonton
óleo para fritar

Aqueça a frigideira e frite a carne de porco e a cebolinha até dourar levemente. Retire do fogo e misture os legumes, o molho de soja e o sal.

Para dobrar os wontons, segure a casca com a palma da mão esquerda e coloque o recheio no centro. Umedeça as bordas com ovo e dobre a casca em um triângulo e sele as bordas. Umedeça os cantos com ovo e torça-os.

Aqueça o óleo e frite os wontons aos poucos até dourar. Escorra bem antes de servir.

Carne de porco com castanhas d'água

Ofertas 4

45 ml/3 colheres de sopa de óleo de amendoim
1 dente de alho esmagado
1 cebolinha (cebola) picada
1 fatia de raiz de gengibre, moída
225 g/8 onças de carne de porco magra, cortada em tiras
100g/4 onças de castanhas d'água em fatias finas
45 ml/3 colheres de sopa de molho de soja
15 ml/1 colher de sopa de vinho de arroz ou xerez seco
5 ml/1 colher de chá de farinha de milho (amido de milho)

Aqueça o azeite e frite o alho, a cebolinha e o gengibre até dourar levemente. Adicione a carne de porco e frite por 10 minutos até dourar. Adicione as castanhas-d'água e frite por 3 minutos. Adicione o restante dos ingredientes e frite por 3 minutos.

Wontons de porco e camarão

Ofertas 4

225 g de carne de porco moída (picada)
2 cebolinhas (cebolas), picadas
100g/4 onças de vegetais mistos, picados
100g/4 onças de cogumelos picados
225 g/8 onças de camarão sem casca, picado
15 ml/1 colher de sopa de molho de soja
2,5 ml/½ colher de chá de sal
40 skins de wonton
óleo para fritar

Aqueça a frigideira e frite a carne de porco e a cebolinha até dourar levemente. Misture o restante dos ingredientes.

Para dobrar os wontons, segure a casca com a palma da mão esquerda e coloque o recheio no centro. Umedeça as bordas com ovo e dobre a casca em um triângulo e sele as bordas. Umedeça os cantos com ovo e torça-os.

Aqueça o óleo e frite os wontons aos poucos até dourar. Escorra bem antes de servir.

Pãezinhos de carne picada no vapor

Ofertas 4

2 dentes de alho esmagados
2,5 ml/½ colher de chá de sal
450g/1lb de carne de porco moída (picada)
1 cebola picada
1 pimentão vermelho picado
1 pimentão verde picado
2 talos de gengibre picados
5 ml/1 colher de chá de curry em pó
5 ml/1 colher de chá de páprica
1 ovo batido
45 ml/3 colheres de sopa de farinha de milho (amido de milho)
50 g/2 onças de arroz de grão curto
sal e pimenta moída na hora
60 ml/4 colheres de sopa de cebolinha picada

Misture o alho, o sal, a carne de porco, a cebola, o pimentão, o gengibre, o curry em pó e a páprica. Misture o ovo à mistura com o fubá e o arroz. Tempere com sal e pimenta e misture a cebolinha. Molde a mistura em pequenas bolas com as mãos molhadas. Coloque-os em uma cesta para cozimento a vapor, tampe e cozinhe em água fervente por 20 minutos até ficarem macios.

Entrecosto com molho de feijão preto

Ofertas 4

900g / 2lb de costela de porco
2 dentes de alho esmagados
2 cebolinhas (cebolas), picadas
30 ml/2 colheres de sopa de molho de feijão preto
30 ml/2 colheres de sopa de vinho de arroz ou xerez seco
15 ml/1 colher de sopa de água
30 ml/2 colheres de sopa de molho de soja
15 ml/1 colher de sopa de farinha de milho (amido de milho)
5 ml/1 colher de chá de açúcar
120 ml/4 fl oz/½ xícara de água
30 ml/2 colheres de sopa de óleo
2,5 ml/½ colher de chá de sal
120 ml/4 fl oz/½ xícara de caldo de galinha

Corte as costelas extras em pedaços de 2,5cm/1. Misture o alho, a cebolinha, o molho de feijão preto, o vinho ou xerez, a água e 15 ml/1 colher de sopa de molho de soja. Misture o molho de soja restante com o fubá, o açúcar e a água. Aqueça o azeite e o sal e frite as costelas até dourar. Escorra o óleo. Adicione a mistura de alho e cozinhe por 2 minutos. Adicione o caldo, deixe ferver, tampe e cozinhe por 4 minutos. Junte a mistura de fubá e cozinhe, mexendo, até o molho clarear e engrossar.

Costelas grelhadas

Ofertas 4

3 dentes de alho esmagados
75 ml/5 colheres de sopa de molho de soja
60 ml/4 colheres de sopa de molho hoisin
60 ml/4 colheres de sopa de vinho de arroz ou xerez seco
45 ml/3 colheres de sopa de açúcar mascavo
30 ml/2 colheres de sopa de purê de tomate (pasta)
900g / 2lb de costela de porco
15 ml/1 colher de sopa de mel

Misture o alho, o molho de soja, o molho hoisin, o vinho ou xerez, o açúcar mascavo e o purê de tomate, regue com as costelas, tampe e deixe marinar durante a noite.

Escorra as costelas e coloque-as sobre uma gradinha em uma assadeira com um pouco de água por baixo. Asse em forno pré-aquecido a 180°C/350°F/gás marca 4 por 45 minutos, regando ocasionalmente com a marinada, reservando 30ml/2 colheres de sopa de marinada. Misture a marinada reservada com o mel e pincele as costelas. Grelhe ou grelhe (frite) em uma grelha quente por cerca de 10 minutos.

Costelas de bordo grelhadas

Ofertas 4

900g / 2lb de costela de porco
60 ml/4 colheres de sopa de xarope de bordo
5 ml/1 colher de chá de sal
5 ml/1 colher de chá de açúcar
45 ml/3 colheres de sopa de molho de soja
15 ml/1 colher de sopa de vinho de arroz ou xerez seco
1 dente de alho esmagado

Corte as costelas extras em pedaços de 5 cm/2 e coloque em uma tigela. Misture todos os ingredientes, acrescente as costelas e misture bem. Cubra e deixe marinar durante a noite. Grelhe (asse) ou grelhe em fogo médio por cerca de 30 minutos.

Costelas fritas

Ofertas 4

900g / 2lb de costela de porco
120 ml/4 fl oz/½ xícara de ketchup de tomate (ketchup)
120 ml/4 fl oz/½ xícara de vinagre de vinho
60 ml/4 colheres de sopa de chutney de manga
45 ml/3 colheres de sopa de vinho de arroz ou xerez seco
2 dentes de alho picados
5 ml/1 colher de chá de sal
45 ml/3 colheres de sopa de molho de soja
30 ml/2 colheres de sopa de mel
15 ml/1 colher de sopa de curry em pó suave
15 ml/1 colher de sopa de páprica
óleo para fritar
60 ml/4 colheres de sopa de cebolinha picada

Coloque as costelas extras em uma tigela. Misture todos os ingredientes exceto o azeite e a cebolinha, despeje sobre as costelas, tampe e deixe marinar por pelo menos 1 hora. Aqueça o azeite e frite as costelas até ficarem crocantes. Sirva polvilhado com cebolinha.

Entrecosto com alho-poró

Ofertas 4

450g/1lb de costela de porco
óleo para fritar
250 ml/8 fl oz/1 xícara
30 ml/2 colheres de sopa de ketchup de tomate (ketchup)
2,5 ml/½ colher de chá de sal
2,5 ml/½ colher de chá de açúcar
2 alhos-porós cortados em pedaços
6 cebolinhas (cebolinha), cortadas em pedaços
50 g/2 onças de florzinhas de brócolis
5 ml/1 colher de chá de óleo de gergelim

Corte as costelas extras em pedaços de 5cm/2. Aqueça o azeite e frite as costelas até começarem a dourar. Retire-os da panela e despeje tudo, exceto 30ml/2 colheres de sopa de óleo. Adicione o caldo, o ketchup de tomate, o sal e o açúcar, leve para ferver e cozinhe por 1 minuto. Retorne as costelas à panela e cozinhe por cerca de 20 minutos até ficarem cozidas.

Enquanto isso, aqueça mais 30 ml/2 colheres de sopa de óleo e frite o alho-poró, a cebolinha e os brócolis por cerca de 5 minutos. Polvilhe com óleo de gergelim e coloque em volta de um prato aquecido. Coloque as costelas e o molho no centro e sirva.

Entrecosto com cogumelos

Serve 4-6 porções

6 cogumelos chineses secos
900g / 2lb de costela de porco
2 dentes de anis estrelado
45 ml/3 colheres de sopa de molho de soja
5 ml/1 colher de chá de sal
15 ml/1 colher de sopa de farinha de milho (amido de milho)

Mergulhe os cogumelos em água morna por 30 minutos e escorra. Descarte os caules e corte as tampas. Corte as costelas extras em pedaços de 5 cm/2. Aqueça a água até ferver, acrescente as costelas e cozinhe por 15 minutos. Seque bem. Retorne as costelas para a panela e cubra com água fria. Adicione os cogumelos, o anis estrelado, o molho de soja e o sal. Deixe ferver, tampe e cozinhe por cerca de 45 minutos até que a carne esteja macia. Misture o fubá com um pouco de água fria, misture na panela e cozinhe, mexendo, até o molho clarear e engrossar.

Entrecosto com laranja

Ofertas 4

900g / 2lb de costela de porco
5 ml/1 colher de chá de queijo ralado
5 ml/1 colher de chá de farinha de milho (amido de milho)
45 ml/3 colheres de sopa de vinho de arroz ou xerez seco
sal
óleo para fritar
15 ml/1 colher de sopa de água
2,5 ml/½ colher de chá de açúcar
15 ml/1 colher de sopa de purê de tomate (pasta)
2,5 ml/½ colher de chá de molho de pimenta
Casca ralada de 1 laranja
1 laranja fatiada

Pique as costelas em pedaços e misture com o queijo, o fubá, 5 ml/1 colher de chá de vinho ou xerez e uma pitada de sal. Deixe marinar por 30 minutos. Aqueça o azeite e frite as costelas por cerca de 3 minutos até dourar. Aqueça 15 ml/1 colher de sopa de óleo numa wok, adicione a água, o açúcar, o puré de tomate, o molho de pimenta, a casca de laranja e o restante vinho ou xerez e mexa em fogo baixo por 2 minutos. Adicione a carne de porco e misture até ficar bem revestido. Transfira para um prato quente e sirva decorado com rodelas de laranja.

Costelinha de abacaxi

Ofertas 4

900g / 2lb de costela de porco
600 ml/1 pt/2½ xícaras de água
30 ml/2 colheres de sopa de óleo de amendoim
2 dentes de alho picados
200 g/7 onças de abacaxi enlatado em suco de frutas
120 ml/4 fl oz/½ xícara de caldo de galinha
60 ml/4 colheres de sopa de vinagre de vinho
50 g/2 onças/¼ xícara de açúcar mascavo
15 ml/1 colher de sopa de molho de soja
15 ml/1 colher de sopa de farinha de milho (amido de milho)
3 cebolinhas (cebolas), picadas

Coloque a carne de porco e a água em uma panela, leve para ferver, tampe e cozinhe por 20 minutos. Seque bem.

Aqueça o azeite e frite o alho até dourar levemente. Adicione as costelas e frite até ficar bem revestido com óleo. Escorra os pedaços de abacaxi e acrescente 120 ml de suco com caldo, vinagre de vinho, açúcar e molho de soja. Deixe ferver, tampe e cozinhe por 10 minutos. Adicione o abacaxi escorrido. Misture um pouco de água ao fubá, misture ao molho e cozinhe, mexendo, até o molho clarear e engrossar. Sirva polvilhado com cebolinhas.

Costelinha de camarão crocante

Ofertas 4

900g / 2lb de costela de porco
450 g/1 lb de camarão sem casca
5 ml/1 colher de chá de açúcar
sal e pimenta moída na hora
30 ml/2 colheres de sopa de farinha simples (geral)
1 ovo levemente batido
100 g/4 onças de pão ralado
óleo para fritar

Corte as costelas extras em pedaços de 5cm/2. Corte um pouco a carne e pique com o camarão, o açúcar, o sal e a pimenta. Misture a farinha e o ovo para deixar a mistura pegajosa. Pressione as costelas e polvilhe com pão ralado. Aqueça o azeite e frite as costelas até que subam à superfície. Escorra bem e sirva quente.

Entrecosto com vinho de arroz

Ofertas 4

900g / 2lb de costela de porco
450 ml/¾ pt/2 xícaras de água
60 ml/4 colheres de sopa de molho de soja
5 ml/1 colher de chá de sal
30 ml/2 colheres de sopa de vinho de arroz
5 ml/1 colher de chá de açúcar

Corte as costelas em pedaços de 2,5 cm/1. Coloque em uma panela com água, molho de soja e sal, leve para ferver, tampe e cozinhe por 1 hora. Seque bem. Aqueça a panela e acrescente a costela, o vinho de arroz e o açúcar. Frite em fogo alto, mexendo, até o líquido evaporar.

Entrecosto com sementes de gergelim

Ofertas 4

900g / 2lb de costela de porco
1 ovo
30 ml/2 colheres de sopa de farinha simples (geral)
5 ml/1 colher de chá de farinha de batata
45 ml/3 colheres de sopa de água
óleo para fritar
30 ml/2 colheres de sopa de óleo de amendoim
30 ml/2 colheres de sopa de ketchup de tomate (ketchup)
30 ml/2 colheres de sopa de açúcar mascavo
10 ml/2 colheres de chá de vinagre de vinho
45 ml/3 colheres de sopa de sementes de gergelim
4 folhas de alface

Corte as costelas extras em pedaços de 10 cm e coloque em uma tigela. Misture o ovo com a farinha, a farinha de batata e a água, misture com as costelas e deixe repousar 4 horas.

Aqueça o azeite e frite as costelas até dourar, retire e escorra. Aqueça o óleo e frite o ketchup de tomate, o açúcar mascavo e o vinagre de vinho por alguns minutos. Adicione as costelas e frite até ficarem revestidas. Polvilhe sementes de gergelim por cima e frite por 1 minuto. Disponha as folhas de alface em uma travessa aquecida, polvilhe as costelas por cima e sirva.

Costeletas com molho agridoce

Ofertas 4

900g / 2lb de costela de porco

600 ml/1 pt/2½ xícaras de água

30 ml/2 colheres de sopa de óleo de amendoim

2 dentes de alho esmagados

5 ml/1 colher de chá de sal

100 g/4 onças/½ xícara de açúcar mascavo

75 ml/5 colheres de sopa de caldo de galinha

60 ml/4 colheres de sopa de vinagre de vinho

100 g/4 onças de abacaxi enlatado em calda

15 ml/1 colher de sopa de purê de tomate (pasta)

15 ml/1 colher de sopa de molho de soja

15 ml/1 colher de sopa de farinha de milho (amido de milho)

30 ml/2 colheres de sopa de coco ralado

Coloque a carne de porco e a água em uma panela, leve para ferver, tampe e cozinhe por 20 minutos. Seque bem.

Aqueça o azeite e frite as costelas com o alho e o sal até dourar. Adicione o açúcar, o caldo e o vinagre de vinho e aqueça até ferver. Escorra o abacaxi e coloque 30 ml/2 colheres de sopa de calda na panela com o purê de tomate, o molho de soja e o fubá. Misture bem e cozinhe, mexendo, até o molho clarear e engrossar. Adicione o abacaxi, cozinhe por 3 minutos e sirva polvilhado com coco.

Costelas fritas

Ofertas 4

900g / 2lb de costela de porco
1 ovo batido
5 ml/1 colher de chá de molho de soja
5 ml/1 colher de chá de sal
10 ml/2 colheres de chá de farinha de milho (amido de milho)
10 ml/2 colheres de chá de açúcar
60 ml/4 colheres de sopa de óleo de amendoim
250 ml/8 fl oz/1 xícara de vinagre de vinho
250 ml/8 fl oz/1 xícara de água
250 ml/8 fl oz/1 xícara de vinho de arroz ou xerez seco

Coloque as costelas extras em uma tigela. Misture o ovo com o molho de soja, o sal, metade do fubá e metade do açúcar, acrescente às costelas e misture bem. Aqueça o azeite e frite as costelas até dourar. Adicione o restante dos ingredientes, deixe ferver e cozinhe até o líquido quase evaporar.

Entrecosto com tomate

Ofertas 4

900g / 2lb de costela de porco
75 ml/5 colheres de sopa de molho de soja
30 ml/2 colheres de sopa de vinho de arroz ou xerez seco
2 ovos batidos
45 ml/3 colheres de sopa de farinha de milho (amido de milho)
óleo para fritar
45 ml/3 colheres de sopa de óleo de amendoim
1 cebola em fatias finas
250 ml/8 fl oz/1 xícara de caldo de galinha
60 ml/4 colheres de sopa de ketchup de tomate (ketchup)
10 ml/2 colheres de chá de açúcar mascavo

Corte as costelas extras em pedaços de 2,5cm/1. Misture 60 ml/4 colheres de sopa de molho de soja e vinho ou xerez e deixe marinar durante 1 hora, mexendo de vez em quando. Escorra e descarte a marinada. Pincele as costelas com ovo e depois com fubá. Aqueça o azeite e frite as costelas aos poucos até dourar. Seque bem. Aqueça o óleo de amendoim e frite a cebola até ficar translúcida. Adicione o caldo, o molho de soja restante, o ketchup e o açúcar mascavo e cozinhe por 1 minuto, mexendo. Adicione as costelas e cozinhe por 10 minutos.

Carne de porco grelhada

Serve 4-6 porções

1,25 kg/3 lb de paleta de porco desossada

2 dentes de alho esmagados

2 cebolinhas (cebolas), picadas

250 ml/8 fl oz/1 xícara de molho de soja

120 ml/4 fl oz/½ xícara de vinho de arroz ou xerez seco

100 g/4 onças/½ xícara de açúcar mascavo

5 ml/1 colher de chá de sal

Coloque a carne de porco em uma tigela. Misture os restantes ingredientes, regue com a carne de porco, tampe e deixe marinar durante 3 horas. Transfira a carne de porco e a marinada para uma assadeira e asse em forno pré-aquecido a 200°C/400°F/gás marca 6 por 10 minutos. Reduza a temperatura para 160°C/325°F/gás marca 3 por 1¾ horas até que a carne de porco esteja cozida.

Carne de porco fria com mostarda

Ofertas 4

1 kg/2 lb de carne de porco assada desossada
250 ml/8 fl oz/1 xícara de molho de soja
120 ml/4 fl oz/½ xícara de vinho de arroz ou xerez seco
100 g/4 onças/½ xícara de açúcar mascavo
3 cebolinhas (cebolas), picadas
5 ml/1 colher de chá de sal
30 ml/2 colheres de sopa de mostarda em pó

Coloque a carne de porco em uma tigela. Misture todos os outros ingredientes, exceto a mostarda, e regue com a carne de porco. Deixe marinar por pelo menos 2 horas, escovando frequentemente. Forre uma assadeira com papel alumínio e coloque a carne de porco sobre uma gradinha na assadeira. Asse em forno pré-aquecido a 200°C/400°F/gás marca 6 por 10 minutos, depois reduza a temperatura para 160°C/325°F/gás marca 3 por mais 1¾ horas, até que a carne de porco esteja cozida. Deixe esfriar e leve à geladeira. Corte bem fino. Misture a mostarda em pó com água apenas o suficiente para obter uma pasta cremosa para servir com a carne de porco.

Porco assado chinês

Ofertas 6

1,25 kg de carne de porco em fatias grossas
2 dentes de alho picados
30 ml/2 colheres de sopa de vinho de arroz ou xerez seco
15 ml/1 colher de sopa de açúcar mascavo
15 ml/1 colher de sopa de mel
90 ml/6 colheres de sopa de molho de soja
2,5 ml/½ colher de chá de cinco especiarias em pó

Coloque a carne de porco em um prato raso. Misture o restante dos ingredientes, regue com a carne de porco, tampe e deixe marinar na geladeira durante a noite, virando e regando de vez em quando.

Coloque as rodelas de porco na grelha, numa assadeira com um pouco de água e cubra bem com a marinada. Asse em forno pré-aquecido a 180°C/350°F/gás marca 5 por cerca de 1 hora entre regar, até que a carne de porco esteja cozida.

Carne De Porco Com Espinafre

Serve 6-8

30 ml/2 colheres de sopa de óleo de amendoim
1,25 kg de lombo de porco
250 ml/8 fl oz/1 xícara de caldo de galinha
15 ml/1 colher de sopa de açúcar mascavo
60 ml/4 colheres de sopa de molho de soja
900g/2lb de espinafre

Aqueça o azeite e doure a carne de porco por todos os lados. Retire a maior parte da gordura. Adicione o caldo, o açúcar e o molho de soja, deixe ferver, tampe e cozinhe por cerca de 2 horas até que a carne de porco esteja cozida. Retire a carne da frigideira e deixe esfriar um pouco, depois corte em rodelas. Adicione o espinafre à panela e cozinhe lentamente, mexendo, até amolecer. Escorra o espinafre e coloque em uma travessa quente. Polvilhe as rodelas de porco por cima e sirva.

Bolinhos de porco fritos

Ofertas 4

450g/1lb de carne de porco moída (picada)
1 fatia de raiz de gengibre, moída
15 ml/1 colher de sopa de farinha de milho (amido de milho)
15 ml/1 colher de sopa de água
2,5 ml/½ colher de chá de sal
10 ml/2 colheres de chá de molho de soja
óleo para fritar

Misture a carne de porco e o gengibre. Misture o fubá, a água, o sal e o molho de soja e misture a mistura na carne de porco e misture bem. Forme bolas do tamanho de nozes. Aqueça o azeite e frite os bolinhos de porco até que cresçam por cima do azeite. Retire do óleo e reaqueça. Retorne a carne de porco à panela e cozinhe por 1 minuto. Seque bem.

Rolinhos de ovo de porco e camarão

Ofertas 4

30 ml/2 colheres de sopa de óleo de amendoim
225 g de carne de porco moída (picada)
225 g/8 onças de camarão
100g/4oz de folhas chinesas, desfiadas
100g/4oz de brotos de bambu cortados em tiras
100 g/4 onças de castanhas-d'água, cortadas em tiras
10 ml/2 colheres de chá de molho de soja
5 ml/1 colher de chá de sal
5 ml/1 colher de chá de açúcar
3 cebolinhas (cebolas), picadas
8 cascas de rolinho de ovo
óleo para fritar

Aqueça o azeite e frite a carne de porco até engrossar. Adicione o camarão e frite por 1 minuto. Adicione as folhas chinesas, os brotos de bambu, as castanhas-d'água, o molho de soja, o sal e o açúcar e frite por 1 minuto, tampe e deixe ferver por 5 minutos. Misture as cebolinhas, passe numa peneira e deixe escorrer.

Coloque algumas colheradas do recheio no centro de cada casca de rolinho de ovo, vire de baixo para cima, dobre as laterais e enrole, cobrindo o recheio. Sele a borda com uma pequena mistura de farinha e água e deixe secar por 30 minutos. Aqueça o óleo e frite os rolinhos de ovo por cerca de 10 minutos até ficarem crocantes e dourados. Escorra bem antes de servir.

Carne de porco picada no vapor

Ofertas 4

450g/1lb de carne de porco moída (picada)
5 ml/1 colher de chá de farinha de milho (amido de milho)
2,5 ml/½ colher de chá de sal
10 ml/2 colheres de chá de molho de soja

Misture a carne de porco com os demais ingredientes e espalhe a mistura em uma assadeira rasa. Coloque em uma panela a vapor sobre água fervente e cozinhe no vapor por cerca de 30 minutos até ficar cozido. Servir quente.

Carne de porco frita com carne de caranguejo

Ofertas 4

225g/8oz de carne de caranguejo em flocos
100g/4 onças de cogumelos picados
100g/4 onças de brotos de bambu picados
5 ml/1 colher de chá de farinha de milho (amido de milho)
2,5 ml/½ colher de chá de sal
225g/8oz de carne de porco cozida, fatiada
1 clara de ovo levemente batida
óleo para fritar
15 ml/1 colher de sopa de salsa fresca picada

Misture a carne de caranguejo, os cogumelos, os brotos de bambu, a maior parte do fubá e o sal. Corte a carne em quadrados de 5 cm/2. Faça sanduíches com a mistura de carne de caranguejo. Pincele com clara de ovo. Aqueça o óleo e frite os sanduíches aos poucos até dourar. Seque bem. Sirva polvilhado com salsa.

Carne de porco com broto de feijão

Ofertas 4

30 ml/2 colheres de sopa de óleo de amendoim

2,5 ml/½ colher de chá de sal

2 dentes de alho esmagados

450g/1lb de broto de feijão

225g/8oz de carne de porco cozida, em cubos

120 ml/4 fl oz/½ xícara de caldo de galinha

15 ml/1 colher de sopa de molho de soja

15 ml/1 colher de sopa de vinho de arroz ou xerez seco

5 ml/1 colher de chá de açúcar

15 ml/1 colher de sopa de farinha de milho (amido de milho)

2,5 ml/½ colher de chá de óleo de gergelim

3 cebolinhas (cebolas), picadas

Aqueça o azeite e frite o sal e o alho até dourar levemente. Adicione o broto de feijão e a carne de porco e frite por 2 minutos. Adicione metade do caldo, deixe ferver, tampe e cozinhe por 3 minutos. Misture o caldo restante com os demais ingredientes, misture na panela, volte a ferver e cozinhe por 4 minutos, mexendo. Sirva polvilhado com cebolinhas.

Carne de porco bêbada

Ofertas 6

1,25 kg/3 lb de carne de porco enrolada desossada
30 ml/2 colheres de sopa de sal
pimenta moída na hora
1 cebolinha (cebola) picada
2 dentes de alho picados
1 garrafa de vinho branco seco

Coloque a carne de porco na frigideira e acrescente sal, pimenta, cebolinha e alho. Cubra com água fervente, volte a ferver, tampe e cozinhe por 30 minutos. Retire a carne de porco da frigideira, deixe esfriar e secar por 6 horas ou durante a noite na geladeira. Corte a carne de porco em pedaços grandes e coloque uma tampa de rosca grande. Cubra com vinho, feche e leve à geladeira por pelo menos 1 semana.

Perna de porco cozida no vapor

Serve 6-8

1 perna de porco pequena
90 ml/6 colheres de sopa de molho de soja
450 ml/¾ pt/2 xícaras de água
45 ml/3 colheres de sopa de açúcar mascavo
15 ml/1 colher de sopa de vinho de arroz ou xerez seco
30 ml/2 colheres de sopa de óleo de amendoim
3 dentes de alho esmagados
450g/1lb de espinafre
2,5 ml/½ colher de chá de sal
30 ml/2 colheres de sopa de farinha de milho (amido de milho)

Fure a pele do porco com uma faca afiada e esfregue 30 ml/2 colheres de sopa de molho de soja. Coloque em uma panela pesada com água, deixe ferver, tampe e cozinhe por 40 minutos. Escorra, reservando o líquido e deixe a carne de porco esfriar, depois coloque em uma tigela refratária.

Misture 15 ml/1 colher de sopa de açúcar, vinho ou xerez e 30 ml/2 colheres de sopa de molho de soja e esfregue sobre a carne de porco. Aqueça o azeite e frite o alho até dourar levemente. Adicione o restante do açúcar e o molho de soja, despeje a mistura sobre a carne de porco e tampe a tigela. Coloque a tigela na wok e encha com água até a metade. Cubra e cozinhe no vapor por cerca de 1 hora e meia, adicionando água fervente se necessário. Corte o espinafre em pedaços de 5 cm e polvilhe sal por cima. Aqueça a água em uma panela até ferver e despeje sobre o espinafre. Deixe descansar por 2 minutos até que o espinafre comece a amolecer, escorra e coloque em um prato quente. Coloque a carne de porco por cima. Leve o caldo de porco para ferver. Misture o fubá com um pouco de água, misture o caldo e cozinhe, mexendo, até o molho ficar claro e engrossar. Despeje sobre a carne de porco e sirva.

Porco assado frito com legumes

Ofertas 4

50 g / 2 onças / ½ xícara de amêndoas escaldadas

30 ml/2 colheres de sopa de óleo de amendoim

sal

100g/4 onças de cogumelos em cubos

100g/4oz de brotos de bambu em cubos

1 cebola picada

2 talos de aipo cortados em cubos

100 g de mangetout (ervilhas), cortado em cubos

4 castanhas d'água cortadas em cubos

1 cebolinha (cebola) picada

20 ml/4 fl oz/½ xícara de caldo de galinha

225g/8oz de carne de porco grelhada em cubos

15 ml/1 colher de sopa de farinha de milho (amido de milho)

45 ml/3 colheres de sopa de água

2,5 ml/½ colher de chá de açúcar

pimenta moída na hora

Torre as amêndoas levemente até dourar. Aqueça o azeite e o sal, junte os legumes e frite durante 2 minutos até ficarem cobertos com azeite. Adicione o caldo, deixe ferver, tampe e cozinhe por 2 minutos, até que os legumes estejam quase cozidos, mas ainda crocantes. Adicione a carne de porco e aqueça. Misture o fubá, a água, o açúcar e a pimenta e misture ao molho. Cozinhe, mexendo, até o molho clarear e engrossar.

Carne de porco duas vezes cozida

Ofertas 4

45 ml/3 colheres de sopa de óleo de amendoim
6 cebolinhas (cebolinha), picadas
1 dente de alho esmagado
1 fatia de raiz de gengibre picada
2,5 ml/½ colher de chá de sal
225g/8oz de carne de porco cozida, em cubos
15 ml/1 colher de sopa de molho de soja
15 ml/1 colher de sopa de vinho de arroz ou xerez seco
30 ml/2 colheres de sopa de pasta de pimenta

Aqueça o azeite e frite a cebolinha, o alho, o gengibre e o sal até dourar levemente. Adicione a carne de porco e frite por 2 minutos. Adicione o molho de soja, o vinho ou xerez e a pasta de pimenta e frite por 3 minutos.

Rins de porco com mangetout

Ofertas 4

4 rins de porco, cortados ao meio e sem caroço

30 ml/2 colheres de sopa de óleo de amendoim

2,5 ml/½ colher de chá de sal

1 fatia de raiz de gengibre, moída

3 talos de aipo picados

1 cebola picada

30 ml/2 colheres de sopa de molho de soja

15 ml/1 colher de sopa de vinho de arroz ou xerez seco

5 ml/1 colher de chá de açúcar

60 ml/4 colheres de sopa de caldo de galinha

225 g/8 onças de mangetout (ervilhas)

15 ml/1 colher de sopa de farinha de milho (amido de milho)

45 ml/3 colheres de sopa de água

Ferva os rins por 10 minutos, escorra e enxágue com água fria. Aqueça o azeite e frite o sal e o gengibre por alguns segundos. Adicione os rins e frite por 30 segundos até ficarem cobertos com óleo. Adicione o aipo e a cebola e frite por 2 minutos. Adicione o molho de soja, o vinho ou xerez e o açúcar e frite por 1 minuto. Adicione o caldo, deixe ferver, tampe e cozinhe por 1 minuto. Junte a mangetout, tampe e cozinhe por 1 minuto. Misture o fubá e a água, junte ao molho e cozinhe até o molho clarear e engrossar. Sirva imediatamente.

Presunto cozido tinto com castanhas

Serve 4-6 porções

1,25 kg/3 lb de presunto
2 cebolinhas (cebolas), cortadas ao meio
2 dentes de alho esmagados
45 ml/3 colheres de sopa de açúcar mascavo
30 ml/2 colheres de sopa de vinho de arroz ou xerez seco
60 ml/4 colheres de sopa de molho de soja
450 ml/¾ pt/2 xícaras de água
350 g/12 onças de castanhas

Numa frigideira coloque o presunto com cebolinhas, alho, açúcar, vinho ou xerez, molho de soja e água. Deixe ferver, tampe e cozinhe por cerca de 1 hora e meia, virando o presunto de vez em quando. Ferva as castanhas em água fervente por 5 minutos e escorra. Adicione o presunto, tampe e cozinhe por mais 1 hora, virando o presunto uma ou duas vezes.

Presunto frito e bolinhos de ovo

Ofertas 4

225g/8 onças de presunto defumado, moído
2 cebolinhas (cebolas) picadas
3 ovos batidos
4 fatias de pão amanhecido
10 ml/2 colheres de sopa de farinha simples (geral)
2,5 ml/½ colher de chá de sal
óleo para fritar

Misture o presunto, a cebolinha e os ovos. Molde o pão em migalhas e misture ao presunto com farinha e sal. Forme bolas do tamanho de nozes. Aqueça o azeite e frite as almôndegas até dourar. Escorra bem em papel toalha.

Presunto e abacaxi

Ofertas 4

4 cogumelos chineses secos
15 ml/1 colher de sopa de óleo de amendoim
1 dente de alho esmagado
50 g/2 onças de castanhas-d'água, fatiadas
50g/2oz de brotos de bambu
225g de presunto picado
225 g/8 onças de abacaxi enlatado em suco de frutas
120 ml/4 fl oz/½ xícara de caldo de galinha
15 ml/1 colher de sopa de molho de soja
15 ml/1 colher de sopa de farinha de milho (amido de milho)

Mergulhe os cogumelos em água morna por 30 minutos e escorra. Descarte os caules e corte as tampas. Aqueça o azeite e frite o alho até dourar levemente. Adicione os cogumelos, as castanhas-d'água e os brotos de bambu e frite por 2 minutos. Adicione o presunto e os pedaços de abacaxi escorridos e frite por 1 minuto. Adicione 30ml/2 colheres de sopa de suco de abacaxi, a maior parte do caldo de galinha e o molho de soja. Deixe ferver, tampe e cozinhe por 5 minutos. Misture o fubá com o restante do caldo e misture ao molho. Cozinhe, mexendo, até o molho clarear e engrossar.

Mistura de presunto e espinafre

Ofertas 4

30 ml/2 colheres de sopa de óleo de amendoim
2,5 ml/½ colher de chá de sal
1 dente de alho picado
2 cebolinhas (cebolas), picadas
225g/8 onças de presunto em cubos
450g/1lb de espinafre picado
60 ml/4 colheres de sopa de caldo de galinha
15 ml/1 colher de sopa de farinha de milho (amido de milho)
15 ml/1 colher de sopa de molho de soja
45 ml/3 colheres de sopa de água
5 ml/1 colher de chá de açúcar

Aqueça o azeite e frite o sal, o alho e a cebolinha até dourar levemente. Adicione o presunto e frite por 1 minuto. Adicione o espinafre e mexa até ficar coberto com óleo. Adicione o caldo, deixe ferver, tampe e cozinhe por 2 minutos até que o espinafre comece a murchar. Misture o fubá, o molho de soja, a água e o açúcar e misture na panela. Cozinhe, mexendo, até o molho engrossar.

www.ingramcontent.com/pod-product-compliance
Lightning Source LLC
Chambersburg PA
CBHW071900110526
44591CB00011B/1489